Ernest Larisse

Jean Lombard
&
La face cachée
de l'histoire moderne

Ceux qui trouvent sans chercher, sont ceux qui ont longtemps cherché sans trouver.
Un serviteur inutile, parmi les autres

JUIN 2012

SCAN, OCR
John Doe

mise en page
LENCULUS
Pour la Librairie Excommuniée Numérique des CUrieux de Lire les USuels

Jean Lombard

&

« LA FACE CACHÉE DE L'HISTOIRE MODERNE »

NOTICE BIOGRAPHIQUE

Jean Lombard, qui signait « Jean Lombard Cœurderoy » pour ses amis, est l'auteur d'une œuvre capitale dont malheureusement la totalité n'a pas été publiée intégralement en français. Les éditions Saint-Rémi viennent de rééditer le tome 1 de « *La Face Cachée de l'Histoire Moderne* » qui n'est en fait qu'un résumé des tomes 1 et 2 de la traduction espagnole de « *La Cara Oculta de la Historia Moderna* ». Il est très souhaitable que le manuscrit français de l'œuvre complète soit publié, ce qui comblera une regrettable lacune. Rappelons que Jean Lombard n'ayant pas trouvé d'éditeur français qui acceptât de publier son œuvre monumentale, se résolut avec la plus grande déception à faire traduire ses volumes en espagnol. Quatre gros tomes parurent ainsi aux éditions franquistes[1] « *Fuerza Nueva* » à la plus grande joie des

---

1 — Ce terme n'est pas pour nous péjoratif. Au contraire. Nous éprouvons la plus vive admiration et le plus grand respect pour l'œuvre remarquable accomplie par le Général Franco qui sauva l'Espagne, en 1936-39, de l'abominable dictature stalino-communiste qui était en train de se mettre en place dans des torrents de sang. Sans la salutaire contre-offensive du Général Franco, que serait-il advenu de la France si l'hydre communiste s'était implanté dans la terre de Saint Jacques ?

espagnols et sud-américains avertis des questions subversives. Mais qui était Jean Lombard ?

I) Biographie anti-subversive

Diplômé de l'École des Chartes en 1927, Jean Lombard s'est orienté vers une carrière diplomatique en intégrant l'École des Sciences Politiques d'où il sortit lauréat du concours des Ambassades. Peu avant la deuxième guerre mondiale, on lui confia le poste de bibliothécaire-archiviste de la ville d'Alger avant de devenir administrateur de la Bibliothèque de la même ville, ce qui lui permit d'être plongé pendant 10 ans dans les affaires musulmanes en Algérie. Pendant la Guerre, il fut affecté aux services de renseignements. Inquiété à la « Libération » pour avoir dépouillé les bibliothèques et les archives des loges maçonniques en Algérie, il fut incarcéré pendant quelque temps et radié de la Bibliothèque. Après la guerre, il fut nommé secrétaire général du Comité des Banques d'Algérie, directeur de l'enseignement bancaire en Afrique du Nord et professeur d'économie politique, avant de retrouver sa place d'administrateur de la Bibliothèque d'Alger (le Conseil d'État ayant levé la sanction qui l'avait touché auparavant). Mis en congé spécial après l'abandon de l'Algérie en 1962, il vint s'installer en Espagne comme beaucoup de pieds-noirs ou de pro-Algérie Française scandalisés par ce largage inique ! Jean Lombard fut ensuite nommé '*chargé de missions*' de l'UNESCO en Amérique Centrale et au Liban, ce qui lui permit d'en apprendre beaucoup sur la subversion mondiale. Cette carrière bien remplie lui a donné l'occasion de parfaitement prendre connaissance des

---

La dictature universelle de la pensée a depuis 50 ans diabolisé l'action de Franco et a institué une nouvelle « *leyenda negra* » comme pour l'admirable œuvre colonisatrice accomplie par l'Espagne et le Portugal en Amérique du Sud ! Il ne faut pas entrer dans ce jeu sinistre. Des œuvres non-conformistes ont salué l'action du Général Franco. En tout premier lieu il faut lire « *Des Pions sur l'Échiquier* » de William Carr et « *Histoire Secrète de la Révolution Espagnole* » de Léon de Poncins.

arcanes financières et bancaires et de consulter par sa formation et ses fonctions une exceptionnelle documentation confidentielle ou peu connue, dont il a su tirer le meilleur profit pour mener à bien son œuvre absolument remarquable, servie par un don exceptionnel de synthèse.

II) Genèse d'une œuvre magistrale unique au monde :

Dans un entretien accordé en 1985 au quotidien espagnol « *El Alcazar* »[2]. Jean Lombard expliquait l'origine de son œuvre monumentale et ce qui l'avait décidé à entreprendre une tâche aussi vaste. Il déclarait : « *Le hasard en fut à l'origine, lorsque je passais tout l'été de 1939 aux Etats-Unis et au Canada. Il me permit d'assister aux préparatifs idéologiques de la Seconde Guerre Mondiale. J'en vins à découvrir le visage voilé des* **forces occultes** » *et à pressentir que ce sont elles qui ont fomenté les guerres et les révolutions: Je décidai alors de rechercher pour mon compte les racines de ces* « **forces occultes** », *en découvrant des textes originaux et en les confrontant avec l'histoire générale. J'eus alors la chance de trouver certaines œuvres, qui sont la clé de ces investigations laborieuses, tels les* « **Selected Essays** » (*Essais Choisis*) *de Darmestetter, version américaine des* « **Prophètes d'Israël** », *écrit en 1891. Et je suis parvenu de la sorte à reconstituer le développement du capitalisme et, à son tour, celui du (marxisme) — collectivisme* ».

Car il y a bien, aussi étonnant et contre-nature que cela puisse paraître, un lien fondamental entre le capitalisme et le marxisme ! Il y a bien eu une montée parallèle du capitalisme et du collectivisme. Écoutons Jean Lombard : « *Pour comprendre cette alliance, qui semble contre nature, étant donné l'affrontement idéologique* existant en apparence, *il faut expliquer, à partir de la genèse du capitalisme et du collectivisme, quels sont les antécédents historiques de la démocratie libérale, selon l'israélite*

---

2 — Numéro du 3 février 1985.

polonais **Brzezinsky,** *mentor de Carter. Je la compare d'habitude à l'image d'un tunnel, dont la droite et la gauche élèvent respectivement les parois, bien qu'il n'offre qu'une voie unique, conforme aux paramètres des technocrates, c'est-à-dire la servitude dont souffrait le peuple de l'ancienne Égypte. En réalité ce n'est là qu'une pseudo-démocratie, dans laquelle les élections sont tolérées mais les candidats présentés par les Directoires Secrets, et ce n'est lever aucun voile que de préciser que bien des politiciens des démocraties occidentales, qu'il s'agisse des États-Unis, de la France, de l'Italie ou de l'Angleterre, appartiennent à ces Directoires, bien qu'ils se disent libéraux ou socialistes, selon les partis auxquels ils appartiennent* ».

On peut donc confirmer le lien entre le Capitalisme et le Marxisme : « *Pour convaincre les incrédules, je ne puis leur exhiber un contrat de mariage par-devant le juge, qui n'existe pas, bien sûr. Mais je peux leur apporter au moins la preuve d'un concubinat. Depuis la mort d'Adriano Lemmi, G∴ M∴ de la maçonnerie italienne et meneur du* « World Revolutionary Movement », *le siège de celui-ci se trouve à New-York, dans ce même édifice Harold Pratt, où les Rockefeller hébergent le fameux* « Council on Foreign Relations ».

Ainsi le Mouvement Révolutionnaire Mondial, bien qu'étant issu de la gauche marxiste, cohabitait avec la Haute Finance, comme des loups entre eux. Dans l'œuvre de Jean Lombard se trouve la constante démonstration par les faits que, dans la plupart des cas, ce ne sont pas les gouvernements officiels qui prennent les ultimes décisions. « *Cela arrive, mais non de façon absolue, que ce soient les membres des forces occultes qui dictent ces décisions par personnes interposées. Ces forces occultes, depuis le* XVIIe *siècle, se sont réunies dans le dessein de dominer les pouvoirs politiques visibles et de manipuler leurs finances. Elles sont multiples, mais les plus connues sont : les Rose-Croix, les Illuminés de Bavière, les Francs-Maçons et quelques autres sociétés secrètes* ».

L'objectif principal du Capitalisme a été d'étendre son influence grâce à l'argent : « *Les marchands cherchaient à se délivrer des entraves sociales et politiques, telles que les restrictions imposées par les Corporations et les condamnations de l'usure par l'Église, boulevard jadis défendus par les gouvernements légitimes. L'intervention de la Banque et des établissements de finance a été d'importance primordiale dans l'origine et la consolidation des révolutions anglaise, américaine du nord et française. De sorte que l'historien de la Fronde, Henri Malo, a pu écrire avec raison que* « l'histoire des révolutions est inscrite dans les livres de compte des banquiers ». *Ceux d'Amsterdam sont intervenus non seulement en faveur de Cromwell, mais aussi dans la restauration de Charles II. Le cas de la chute de Napoléon est particulièrement éloquent. L'Empereur a tenté d'échapper aux greffes des banquiers internationaux et de se passer de leurs services. Mais le syndicat des Rothschild, de Baring et Boyd (de Londres), de Hope et Labouchère (d'Amsterdam), de Parisch (de Hambourg) et de Bethmann (de Frankfort) s'est uni et a soutenu toutes les coalitions contre Napoléon, qui a succombé devant la résistance civile espagnole et l'immensité des steppes glacées de la Russie* ».

Le capitalisme va alors atteindre son zénith : « *Le Congrès de Vienne confirma l'hégémonie de la Haute Finance sur l'Europe. Dès lors les cinq frères Rothschild répandus dans les capitales du vieux continent et leurs associés du monde entier devinrent les banquiers des rois comme les rois des banquiers... Jusqu'en* 1848 *ils maintinrent leur suprématie absolue. Un autre fait qui instaura la prédominance de l'hégémonie britannique a été la perte des colonies espagnoles en Amérique du Sud, rendue possible par deux francs-maçons, Bolivar et San Martin, grâce au concours de l'Angleterre et des loges espagnoles, neutralisant le gouvernement de Madrid. Le résultat en a été la substitution du joug espagnol de celui de l'Angleterre et plus tard des États-Unis. Ce qui a entraîné une pire oppression pour les peuples américains* ».

Parmi les forces occultes se détache la franc-maçonnerie dont on remarque la présence permanente : « *Il ne serait pas exagéré de reconnaître qu'elle a assumé, seule ou en collaboration avec d'autres, la mission de susciter les plus grandes révolutions de l'histoire moderne. Son action a été manifeste dans les troubles des révolutions d'Angleterre* (1640-1688), *puis elle provoqua les dissensions d'où sortirent les protestations américaines, fomenta les tentatives révolutionnaires des Pays-Bas et de Suisse avant la Révolution Française et engagea celle-ci* (1789) *dans ses trois phases contre les gouvernements constitués et la propriété individuelle. Elle organisa aussi la Révolution de* 1848 *qui prétendait ouvrir la voie à une ère nouvelle* ».

Il existe en effet des raisons qui expliquent l'intérêt de la maçonnerie et des « forces occultes » vis à vis du collectivisme : « *Trois siècles avant l'apparition du marxisme, les éléments Rose-Croix, promoteurs de la Reforme et des Révolutions d'Angleterre inspirèrent une série d'œuvres comme* « l'Utopie » *de Thomas More,* « La Cité du Soleil » *de Campanella,* « La Nouvelle Atlantide » *de Francis Bacon, qui furent la semence d'où le communisme est sorti. Joseph Salvador, auteur d'ouvrages célèbres, soutenait qu'en* 1840, *après avoir soumis les gouvernements, devait être instauré un gouvernement semblable à celui de Joseph sous les Pharaons* ».

Quant au pouvoir des maçons dans la sphère internationale, il ne saurait être minimisé : « *Avant la Révolution Française, les deux tiers des députés du Tiers-État étaient maçons. Parmi la noblesse, appartenaient aux loges la plupart des* 90 *députés libéraux groupés autour de La Fayette et de La Rochefoucauld. La France, est depuis* 1875, *soumis à un régime de démocratie maçonnique. C'est la raison pour laquelle Camille .Dreyfus, du Conseil de l'Ordre du G∴ O∴ inaugurant un groupe scolaire à Jury en octobre* 1882, *s'exclamait satisfait que :* « *la Franc-Maçonnerie prépare les solutions que la démocratie fait triompher. Elle est aussi très influente en Amérique du Nord, puisqu'elle a été le détonateur de la Révolution. Benjamin Franklin*[3] *ayant été initié à Philadelphie en 1730 dans les loges dissidentes des* « Anciens » *d'Angleterre. Plus tard une liste interminable d'*« Ashkénazim » *établit leur suprématie sur l'économie des États-Unis : les Seligman, les Lazard, les Gould et les Kuhn-Lœb* ».

Quant aux perspectives, « *si l'on part de l'idée que la démocratie est saturée de libéralisme, alors l'on arrive à la conclusion qu'elle porte à faux, car le libéralisme a été l'instrument efficace du ligne de l'Argent. Sous sa forme politique, il a converti l'État en butin partagé des partis et de la Haute Finance. Sous sa forme économique, à force de favoriser une spéculation effrénée, il a détruit les monnaies, troublé le commerce et tué l'épargne, en nous menant au super-capitalisme. Dans le domaine social, il a détruit, avec les corporations, les moyens de défense des travailleurs* ».

Parallèlement à tout ce réseau de « forces occultes » il convient d'ajouter les « groupes de pression » mondialistes qui accaparent actuellement l'influence, en agissant dans le monde entier : « *L'attention des observateurs est concentrée sur les plus puissants : la Table Ronde, le* CFR, *la Commission Trilatérale (Club des politiciens les plus marquants), le groupe de Bilderberg (qui prétend contrôler l'Union Européenne), le groupe scientifique de Pugwash entre les deux Supergrands, etc.* ».

Jean Lombard concluait son entretien en recommandant « *qu'il convient de rendre leur primauté aux valeurs éthiques, morales, naturelles et traditionnelles. Restaurer l'État en harmonisant l'autorité avec la représentation. Doivent être créés les organes nécessaires à la défense des cellules naturelles de la Société, c'est-à-dire la famille, la commune, la province, les professions et les métiers. Remplaçant le jeu périmé des partis et assemblées parlementaires, faussé par les groupes de pression et manipulé par les Directoires Secrets et leurs technocrates fantoches. Et en-*

---

3 — Lire à ce sujet l'important ouvrage de Mᵉ Dominique Godbout : « *Benjamin Franklin, le Grand Illuminé* » (Edt. Saint Remy).

fin, bloquer la voie au « mondialisme », *aux mains des sectes et des financiers sans scrupules* ».

III) Une somme « anti-mondialiste » sans équivalent

Nous avons présenté dans *La voix des Francs* n° 11 un maître de la Contre-révolution Catholique — Mgr Henri Delassus — un des meilleurs connaisseurs de la « *Conjuration Antichrétienne* ».

Jean Lombard, lui, est un des plus grands spécialistes de l'*Histoire Secrète de* 1453 *à* 1980, soit une période d'un demi-millénaire pendant laquelle l'Église, l'Occident Chrétien et le Monde ont connu des bouleversements considérables dont le plus terrible fut la Révolution dite Française. De la chute de Constantinople à notre époque, on peut dire sans la moindre exagération que la domination des Société Secrètes et de la Haute Finance Internationale s'est appesantie sur le monde dans le but exclusif de le conduire à une unité complètement artificielle que les sectaires appellent la « *République Universelle* » ou le « *Gouvernement Mondial* », utopie qui doit conduire logiquement au Règne de l'Antéchrist. Cette période de l'Histoire Universelle correspond d'ailleurs au « *Cinquième Age de l'Église* » d'après le Vénérable Barthélémy Holzbauser[4].

D'une certaine façon, l'œuvre de Jean Lombard constitue le développement achevé de l'œuvre de William Carr, « *Des Pions sur l'Echiquier* »[5]. L'érudition et les références innombrables fournies par J. Lombard permettent ainsi de mieux apprécier l'ouvrage de l'auteur canadien. Jean Lombard, il faut le préciser, a été l'un des très rares auteurs français à citer William Carr et à le faire connaître dans notre pays, notamment le fameux plan des

---

4 — Étudier la plume à la main son « *Interprétation de l'Apocalypse* » (2 tomes, aux Edt. Saint Remy).

5 — Livre à lire avec la plus grande attention. Son importance n'a pas échappé à l'ennemi qui ne cesse d'écrire des insanités à son sujet.

« *Trois Guerres Mondiales* »[6].

Cité dans le monde entier, son œuvre est particulièrement appréciée en Amérique du Sud et en Italie[7].

Jacques Bordiot, un des auteurs français qui contribuèrent le mieux à faire connaître le mondialisme en France dans les années 1970 et 1980[8] observait « *qu'avec ses quatre volumes encyclopédiques, Jean Lombard nous présente un panorama complet sur les manœuvres des Forces Occultes — Sociétés Secrètes et Haute Finance Internationale agissant de concert — dans le processus de l'instauration d'un Gouvernement Mondial. En vérité, on reste confondu, surtout si l'on a quelque expérience de ce genre de travail, devant la masse d'informations réunies par l'auteur sur un sujet aussi ingrat. Comme bien on pense, les intéressés se sont soigneusement gardés de mettre leurs archives à la disposition de M. Lombard*[9]. Et l'on sait en outre que, sur ces questions, le

---

6 — A la fin du tome I français et à la fin du tome II espagnol.

7 — Notamment par Epiphanius dans son essentiel « *Maçonnerie et Sectes Secrètes. La Face Cachée de l'Histoire* », ouvrage approchant les mille pages, complémentaire de l'œuvre de Jean Lombard (diffusion DPF).

8 — Ses ouvrages, toujours d'actualité, sont également à étudier la plume à la main. Nous ne redirons jamais assez combien il est utile d'étudier ses livres : « *Une Main Cachée dirige* » (titre repris d'un ouvrage d'Emmanuel Malynski ; voir aux Edt. Saint Remy ses œuvres fondamentales et notre article paru à son sujet dans *La voix des Francs* n°3) « *Le Pouvoir Occulte, fourrier du Communisme* » ; « *L'Occident Démantelé* »; « *Le Parlement Européen : une imposture, une utopie, un danger* »; « *Le Gouvernement Invisible* ». J. Bordiot collabora aussi à plusieurs ouvrages écrits en collaboration, notamment « *Infiltrations Ennemies dans l'Eglise* ». Voir en complément ses articles parus dans la revue « *Lectures Françaises* » (des années 70 et 80).

9 — Cela arrive parfois lorsque l'auteur accepte de louanger les Maîtres du Monde. Nous disposons ainsi d'une autre somme sans équivalence, à lire entre les lignes, et qu'il faut apprécier à se juste valeur : celle du Pr Carroll Quigley, auteur du fameux « *Tragedy & Hope* », qui dépasse

Vatican refuse systématiquement de rendre public les dossiers de ses réserves secrètes, d'une richesse incomparable. Mieux vaut-il, peut-être, car, si l'on en croit certains privilégiés qui y ont eu partiellement accès, leur divulgation ne manquerait pas d'ébranler dangereusement les fondements mêmes de notre Société. L'oeuvre de M. Lombard n'en est que plus remarquable. Ce qu'on lui refusait, il a dû le chercher ailleurs. A elle seule, la lecture des ouvrages figurant dans ses répertoires bibliographiques représente un travail de bénédictin ; et il faut y ajouter journaux et revues. Pourtant, une tâche impérieuse et fastidieuse oh ! combien ! attend encore l'auteur : prise de notes et de références, leur mise sur fiches et le classement des dites fiches pour pouvoir les retrouver quand nécessaire[10]. *Il existe des écrivains, fort rares; dont la mémoire infaillible leur permet de se passer de cette technique. J'ignore s'il en est ainsi de M. Lombard, mais je pense que, de toute manière, il a jugé plus prudent de se constituer un fichier, et la rédaction de la « Cara oculta » a dû en exiger un de considérable... Même ceux qui se sont penchés sur les agissements des Forces Occultes au cours des siècles sont certains d'y découvrir des infirmations qu'ils ignoraient ou des liaisons insoupçonnées entre divers événements. Ainsi, à titre d'exemple, et pour ne parler que du tome II, ai-je appris un détail qui m'avait échappé : à savoir que l'intervention de la Round Table britannique dans la Révolution Bolchevique d'octobre 1917 — j'y fus allusion dans « Une Main Cachée dirige... » — a eu pour intermédiaire un de ses plus importants affiliés, sir*

---

les 1300 pages, et qui fut autorisé par les Initiés à consulter pendant plusieurs années leurs archives les plus secrètes. Mais qui connaît en France et l'auteur et le livre ?...

10 — En 1981, les « PC » n'existaient pas encore ou du moins aussi performants que ceux d'aujourd'hui. Quel dommage que des auteurs aussi remarquables n'aient pas alors bénéficié des trouvailles technologiques que nous utilisons aujourd'hui couramment. Quel travail n'auraient-ils pas accompli ? Quel gain de temps et recherches encore plus approfondies n'auraient-ils pas mené !...

George Buchanan, ambassadeur de Grande-Bretagne à Saint-Pétersbourg. Je pourrais en citer combien d'autres. Encore que cette érudition ne soit pas ce qui m'a le plus frappé, mais l'effort constant de synthèse dont fait preuve M. Lombard, pour relier entre eux les événements mondiaux. L'opinion commune considère l'Histoire comme une succession discontinue de tranches d'événements étrangers les uns aux autres. On parle d'Empire Babylonien, d'Empire Chinois, d'Empire Egyptien, d'Empire Grec, d'Empire Romain, etc., comme d'entités intrinsèques, disparues à jamais, sans autres conséquences que celles d'épiphénomènes et de paradigmes. D'où le principe : « L'Histoire est un perpétuel recommencement ». *Rien n'est plus faux, car, avant tout,* « L'Histoire est mémoire ». *Elle est une formation continue, dont les événements s'enchaînent logiquement au long des générations. Et si nous ne discernons pas cet enchaînement logique, c'est qu'il nous manque des maillons, oubliés, ou, trop souvent, tenus cachés par des forces occultes à tendance messianique. C'est à mes yeux, le plus grand mérite de M. Lombard d'avoir tenté de tirer de la masse de ses documents, la* « **substantifique moelle** », *d'avoir dégagé la continuité de l'Histoire depuis la chute de Constantinople jusqu'à nos jours, les interactions des événements contemporains et leurs conséquences dans la suite des temps, les interventions des forces* « négatives » *et des idéologies fallacieuses qui ont sapé la civilisation occidentale à base de christianisme. Et Jean Lombard conclut :* « *En cette fin de XXe siècle, le panorama que nous offrons au lecteur, résultat d'une analyse complète de la situation dans tous les pays, offre un spectacle qui semble annoncer le temps de l'Apocalypse* ».

Il s'y ajoute que les épisodes s'imbriquent étroitement, à la manière d'un « puzzle », dont seul l'assemblage cohérent donne une vue d'ensemble sur les événements, leurs origines, les mobiles des exécutants et leurs conséquences historiques. Ce qui permit à l'auteur d'en déduire les lignes directrices de l'évolution du monde au cours des siècles.

Un des passages typiques de la « manière » de Jean Lombard est celui où il étudie les prodromes du Concile Vatican II en fonction de leurs idéologies discordantes, les pressions exercées sur les Pères Conciliaires, notamment par le parti « progressiste », les étapes cahotées de l'auguste Assemblée et leur dénouement controversé. Tout est lié, tout s'y tient, tout est impliqué, commenté avec pertinence et impartialité.

Jean Lombard reconnaissait donc que le panorama présenté par cette fin du XXe siècle offrait les signes avant-coureurs de l'Apocalypse. Et Jacques Bordiot concluait : « *Saurons-nous y échapper ?* »...

Il y avait en effet de quoi s'inquiéter. On assistait alors au crépuscule de la Foi, au profit d'un syncrétisme œcuménique qui « *dilue le dogme dans les nuées d'un humanisme et d'un panthéisme quasi maçonniques* », le syncrétisme des Synarchies, de Coménius et de Louis-Claude de Saint-Martin, de Saint-Yves d'Alveydre et de Jean Coutrot.

On assiste aussi à l'effondrement des idéologies, que ce soit le *libéralisme*, instrument du règne de l'Argent ; le *marxisme*, sous la forme de social-démocratie, qui étouffe l'initiative privée par l'excès de la fiscalité, ou sous la forme du collectivisme, qui la détruit complètement par l'oppression d'une bureaucratie stérilisante ; l'*égalitarisme* de la Révolution permanente, qui écrase les nations sous les ruines de leurs structures vitales.

Et l'on ne peut que constater la faillite de l'économie, par l'incapacité de constituer et de maintenir un étalon monétaire.

- A qui la faute se demande Jean Lombard ?
- Au Messianisme raciste de ceux qui se présentent comme les élus de Dieu pour dominer les peuples ?
- Aux Faux Sages, obstinés à tirer des plans sur la comète ?
- Aux Impérialismes insatiables, qu'ils soient américain (en perte de vitesse), soviétique (déchaîné) ou chinois (menaçant) ?
- A la Haute Finance, « décidée à recourir à tous les moyens

pour imposer sans pitié, que ce soit par la force ou par la violence, si la persuasion ne suffit pas, son Grand Dessein, camouflé en « Nouvel Ordre Economique Mondial ».

Au lecteur de tirer les conclusions des données présentées par J. Lombard. Il est contraint d'en déduire que c'est la coalition délibérée de tous ces éléments pernicieux qui a conduit le monde au bord du cataclysme.

Se pose alors la question fondamentale, vitale annoncée un peu plus haut : **le cataclysme est-il inéluctable ou reste-t-il l'espoir d'y échapper ?**[11]

Il y a une seule certitude : en politique, rien n'est jamais désespéré. Au cours des siècles l'homme a dû et su faire face aux situations les plus catastrophiques, comme les invasions barbares ou la Guerre de Cent Ans. Mais il ne s'en est sauvé que par un retour aux lois naturelles qui régissent les sociétés, mettant en jeu toute la puissance et la ténacité de sa volonté.

Or ces lois naturelles, « la Politique — art et science — ne doit pas les déduire des principes préfabriqués et paresseusement acceptés (comme la « démo(n)cratie »), mais des faits et des leçons tirées de l'étude de la géographie, de l'histoire, de l'économie, de l'ethnique, etc. ».

D'autre part, c'est à la Politique qu'il incombe d'appliquer ces lois naturelles de manière que :

1° les institutions répondent à leur fonction propre, en tant qu'organes correspondant à une nécessité biologique, comme la protection de la famille, ou comme la participation réelle et constante des citoyens à l'activité de ses municipalités et de ses assemblées de métier, mais aussi, sous la forme de démocratie directe à la base par la consultation directe des intéressés sur ce

---

11 — (NDE) : Comme le précisera un peu plus loin Ernest Larisse, ces solutions humaines et naturelles sont insuffisantes. Un retour à l'ordre même naturel, n'est possible que par le règne du Sacré-Cœur, par l'intervention du divin dans l'humain.

qu'ils connaissent, à la constitution de chambres syndicales, provinciales, régionales apolitiques ;

2° il s'établisse un équilibre social et politique, sous l'autorité d'un arbitre respecté, entre une hiérarchie coiffée par un Conseil d'État chargé de rédiger des lois, une administration compétente et permanente échappant aux caprices des majorités éphémères, et une représentation valable des forces vives à tous les niveaux.

A cet effet, et en attendant le retour de l'ordre voulu par Dieu, il faudrait revenir à l'institution romaine des « tribuns » et des « consuls », qui reconnaissait la double nécessité d'une autorité indiscutable et d'une représentation authentique.

Car il est certain qu'à notre époque, la séparation des trois pouvoirs : législatif, exécutif et judiciaire, préconisée par Montesquieu, est aussi fallacieuse que l'égalité de tous les citoyens devant la loi. Chaque jour apporte la preuve des empiétements autoritaires de l'exécutif sur le législatif — comme l'adoption « sans vote », par l'Assemblée Nationale, du projet de loi concernant l'élection du Parlement Européen au suffrage universel — et sur le judiciaire — comme l'institution des Tribunaux d'Exception.

Mais il ne faut pas le dissimuler, ce retour impératif aux valeurs fondamentales ne se fera pas sans mal : il exige un changement total de nos modes de pensée et de vie, une véritable (Contre)-Révolution, par un combat long et acharné contre les Puissances Occultes qui, depuis deux-cents ans, nous poussent à la catastrophe. La Civilisation Occidentale est attaquée de toutes parts, ouvertement de l'extérieur, insidieusement de l'intérieur. L'Europe est désagrégée en esprit et en puissance ; ses populations anesthésiées, chloroformées, lobotomisées. L'ultime rempart contre les Forces de Mort, l'Église Catholique, est ébranlée jusque dans ses fondements. Nous en sommes à « *hora et potestas tenebrarum* » !...

Pour sortir de ce cercle infernal, le seul recours humain serait la Contre-Révolution Catholique et Royaliste. Mais une Contre-Révolution n'est pas un sursaut spontané, né de l'instinct de conservation : elle ne peut être que le résultat d'une longue et minutieuse préparation. Elle implique comme condition primordiale que les populations soient éclairées sur la situation exacte du monde et sur les dangers qu'elles courent. Lorsqu'on étudie la préparation de la Révolution d'Octobre 1917, on est frappé de l'effort d'information déployé par les Bolcheviks auprès du peuple russe pendant des décennies pour le convaincre et le gagner à leurs idées. Il n'y aurait point d'autres voies si l'on voulait parvenir à un résultat durable. Encore faudrait-il que les promoteurs du mouvement aient eux-mêmes une formation politique éclairée, fondée sur une solide connaissance des activités de leurs ennemis et des principes à leur opposer.

Sur ce point l'ouvrage de Jean Lombard s'impose dans leur bibliothèque.

Nous disions sur un plan humain. Mais nous savons qu'aujourd'hui une telle solution n'est plus possible car l'ennemi a pris possession de la terre entière et surveille avec la plus grande attention, les oppositions à son Plan de Domination Universelle.

La solution n'est plus qu'entre les mains de Dieu seul, qui nous délivrera de l'emprise de la « Synagogue de Satan » si remarquablement analysée par Jean Lombard. En attendant ce jour radieux, informons-nous, lisons, étudions dans les bons livres où nous disposons des clés d'interprétation de la véritable histoire. Ajoutons un dernier détail qui a son importance : Jean Lombard n'a pas oublié de présenter dans ses volumes les portraits des grands subversifs qui ont fait de ce monde un véritable enfer. Il avait bien compris qu'il est certes important de savoir « *qui est qui* » (who's who) mais qu'il est non moins important de **voir** « **qui est qui** ». Le visage est bien souvent un révélateur de la personne et permet de mieux appréhender d'une certaine façon les serviteurs de la Contre-Eglise...

Ernest Larisse

JEAN LOMBARD
&

« LA FACE CACHÉE DE L'HISTOIRE MODERNE »

« CRISE, GUERRE, RÉVOLUTION »
(Conférence)

Présentation d'Ernest Larisse

Lors de la parution du tome III de son ouvrage « *La Face Cachée de l'Histoire Moderne* » ('*La Cara oculta de la Historia Moderna*'), Jean Lombard prononça le 13 mai 1976, en Espagne, dans la salle de Conférences des Editions « *Fuerza Nueva* », une conférence sur le thème « *Crise, Guerre, Révolution* ».

Cette conférence, ronéotée, n'avait jamais été publiée jusqu'à ce jour. Les Edt. Saint Remy et *La voix des Francs* sont ravies de vous présenter aujourd'hui ce texte nourri d'études et de recherches qui complétera utilement l'œuvre de Jean Lombard qu'elles ont entrepris d'éditer et de rééditer.

Les nouveaux lecteurs de notre revue pourront se reporter à l'article que nous avons consacré à Jean Lombard et à son œuvre, dans *La voix des Francs* n° 12.

Maintenant, place à la véritable histoire, non trafiquée, racontée par un maître dans le genre.

Mesdames et messieurs,

Mes premiers mots seront de gratitude pour votre courage. Ne faut-il pas en effet du courage pour oser publier un ouvrage aussi peu conformiste que celui-ci, consacré à dévoiler le rôle joué par les sociétés secrètes et par la Haute Finance dans l'évolution du monde ?

Qu'il voie le jour ici, en espagnol, n'est point le fait d'une simple coïncidence. Non seulement parce que son texte intégral n'aurait pu être édité en France, sous la menace de la loi Pleven[12] — on peut être à la fois « libéral » et intolérant — mais aussi parce que sa publication ici, en Espagne, répond à une logique profonde.

Dernier réduit, ou presque, à présent de l'Europe résiduelle, l'Espagne ne fut-elle pas au Moyen-Age, le pays où se forgea ce que nous appelons l'Occident ? Lorsque l'Ordre de Cluny ouvrit la route de Compostelle, et avec l'aide des comtes de Bourgogne mena la reconquête du comté de Portugal et de la vieille Castille, entre le Douro et le Tage, jusqu'à Tolède, où elle libéra les « Mozarabes »[13] en 1085 ? Cette première croisade aurait pu avancer de trois siècles la libération de la péninsule, si elle n'avait été détournée vers Jérusalem et le Proche-Orient par les démocrates-chrétiens de l'époque, les Cisterciens...

Dans son entreprise de reconstitution de l'Empire de Charlemagne[14], et de la réédification de la « Cité de Dieu », l'Ordre de Cluny[15], hiérarchique et monarchique dans le plein sens du mot[16], se heurta aux moines de Lorraine, promoteurs d'une Ré-

---

12 — Qui, sous prétexte de condamner les racismes, protège le pire de tous.
13 — Chrétiens demeurés sous l'occupation musulmane.
14 — Démantelé par la faute de Louis le Pieux, si faible envers les débordements de sa femme Judith...
15 — Fondé en 910 par Guillaume d'Aquitaine et des chevaliers bourguignons.
16 — Les Grands Abbés désignant leurs successeurs, comme l'avaient

forme visant à imposer à l'Eglise le régime de l'élection, de bas en haut, des prieurs et des abbés par les moines jusqu'au Pape par les seuls cardinaux, sans intervention aucune de l'empereur, ni de la hiérarchie féodale.

Animée par Hildebrand, ex-secrétaire de l'antipape Grégoire VI, grand électeur d'Etienne IX (1057), de Nicolas II (1059) et d'Alexandre II (1061), qui réussit alors qu'il n'était pas même prêtre, à s'élever au pontificat de manière scandaleuse en 1073, grâce à un « tumulte » populaire, avec l'appui du financier Léon, fils de Baruch, souche de la famille Pierleoni, ..., cette « Reforme » produisit les fruits les plus amers pour la Chrétienté : schisme de l'Eglise d'Orient (1054), conflit avec l'empereur Henri IV (de 1076 à 1085), provoquant le sac de Rome par les Normands (épée d'Hildebrand), et plus tard, élection d'un pape juif (Pierleoni Anaclet II en 1130), suivie d'une révolution conduite par son frère en 1143 et de 44 années de troubles, pendant lesquels les pontifes légitimes se virent écartés de la Ville Eternelle !

L'Ordre de Citeaux, encouragé dans sa dissidence de Cluny en 1098 par Grégoire VII (Hildebrand), réorganisé par Saint Bernard de Clairvaux en 1112, sous la protection des comtes de Champagne, porté vers l'étude de l'hébreu et des doctrines ésotériques du Temple de Jérusalem, ne tarda pas à donner le jour en 1119 aux Templiers — reconnus en 1128 — et diriger vers l'Orient les croisades. Bien que le Pape Urbain II se soit laissé entraîner dans la première en 1095, l'abbé de Cluny, Pierre le Vénérable refusa de s'associer à la prédication de la seconde à Vézelay en 1146.

Ainsi l'Occident Chrétien se trouva-t-il amené à prêter son appui à l'un des premiers « grands desseins » universalistes, conçus en dehors de l'Eglise : le plan des Fatimites du Caire,

---

fait pendant quatre siècles les grands Empereurs, qui maintinrent la « paix romaine ».

d'obédience chiite[17], alors menacés par l'invasion des Turcs Seldjoukides. Ainsi l'Ordre du Temple s'inspira-t-il dans son organisation du modèle des « Assacis » (Assassins) du Vieux de la Montagne, dont le nom ne signifie ni meurtriers, ni drogués au « haschich », encore qu'ils le fussent, mais bien aussi « gardiens du Temple ». Ainsi les Templiers, alliés à leurs homologues de l'Islam, qui les admirent à visiter leur « Maison des Sciences », luttèrent avec courage contre les Turcs, mais sabotèrent les positions chrétiennes par leurs tractations particulières avec les sultans du Caire et de Damas, et empêchèrent la conversion des Mongols, qui aurait pu changer la face du monde.

Ainsi furent établis des contacts, que l'on retrouve, derrière les coulisses, dans toutes les tentatives d'hégémonie mondiale, au cours du Moyen-Age. Celle de l'empereur Frédéric II de Hohenstaufen, petit-fils de Frédéric Barberousse, qui vivait en son château des Monts près d'Andrin, dans les Pouilles, comme à sa Cour de Palerme en Sicile, entouré de mages, d'astrologues, de juifs et d'occultistes de toute espèce, et convoqua autour d'une Table Ronde à St Jean d'Acre en 1228 les Ordres de Chevalerie chrétiens et musulmans afin d'étudier les bases d'une religion universelle. Condamné par le Pape Innocent IV, pour ses intrigues avec le sultan du Caire El-Khamil et le successeur d'Hassan Sabah, Grand-Maître des Assacis, il fut déposé par le Concile de Lyon en 1245.

Comme celle des Templiers, qui, pour avoir tenté d'employer leur puissance internationale, leurs richesses, leurs châteaux, leur propre réseau de communications et de ports[18] pour détrôner les rois, ils furent détruits par Philippe le Bel entre 1307 et 1311, et entraînèrent dans leur chute le Pape Boniface VIII. S'inspirant

---

17 — C'est-à-dire partisans des descendants d'Ali et de la secte ismaëlienne, la plus ouverte de l'Islam aux influences juives, disciples de l'imam occulte.
18 — La Rochelle, Castro Urdiales, Collioure, etc...

du franciscain de Calabre Joachim de Fiore (11431202) et de sa secte des « Spirituels », gagné, selon le témoignage de Saint-Yves d'Alveydre, à l'idéal de la Synarchie[19], ce pape, qui régna de 1294 à 1303, n'aspirait pas seulement à la suprématie pontificale, mais prétendit exercer le pouvoir impérial, représenté par une troisième couronne sur sa tiare et par les attributs qu'il revêtit lors du Jubilé de 1300.

Comme aussi celle de la Rose-Croix. Cet Ordre eut comme précurseurs certains franciscains inspirés, tel l'anglais Roger Bacon (1214-1294), annonciateur de tant de découvertes ultérieures, tel le catalan Ramon Lule (1235-1315), « *doctor illuminatus* », qui tenta de convertir les musulmans, tel l'alchimiste et astrologue Arnaud de Villeneuve (1240-1313). Mais, selon sa tradition, son promoteur, un certain « Christian Rosenkreuz »[20], né vers 1378, aurait été initié durant ses voyages à Damas, Jérusalem, le Caire et Fez, par les « sages » de Damcar, aux secrets du « *Liber Mundi* ». Fondée entre 1410 et 1413, la Rose-Croix, dont les premiers groupes furent organisés par Agrippa von Nettesheim vers 1510, manifesta son existence un siècle plus tard par la publication à Cassel par Jean-Valentin Andreas, de Tubingen, de la « *Reforma Generalis* » (1614), où se trouve incorporée la « *Fama Fraternitads* », et de la « *Reipublicae Christianopolitanae Descriptio* », dédiée à Johannes Arndt (1619). Placée « *sub ombra alarum tuarum Jehovah* » — à l'ombre de tes ailes Jéhovah — la Fraternité, dirigée par un cercle intérieur de trois membres, comportait deux autres cercles concentriques, l'un, réservé, de « *Aureae Crucis Fratres* » — Frères de la Croix d'Or — consacré aux secrets ésotériques, et l'autre de « *Rosaae Crucis*

---

19 — C'est-à-dire une organisation du monde en trois ordres, spirituel, politique et social.
20 — Peut-être un allemand de la famille von Roesgen, qui eut un de ses membres compromis dans l'assassinat du légat Pierre de Castelnau, prédicateur de la croisade contre les Albigeois, en 1208.

Fratres » — Frères de la Rose-Croix, savants ordonnés à l'étude des questions « sublunaires ».

L'on perçoit son influence dans la Réforme. Luther lui-même porte des armes suffisamment parlantes : un cœur percé d'une croix et d'une rose ou une croix entourée de quatre roses, accompagnée de la devise correspondante. Lorsqu'il diffusa en 1520 son « *Manifeste à la Noblesse de la Nation Allemande* », son conseiller, le nationaliste Ulrich von Hutten, appartient à la secte. Comme beaucoup des lieutenants de Luther : Philippe Melanchton[21], Andreas Carlstadt (ou Bodenstein), Crotus Rubianus (Jean Jaeger), les suisses Zwingle, Aecolampiadus, Bucerus de Strasbourg, etc. Mais Luther secoue l'influence juive[22] qui s'est d'abord exercée sur lui, pour donner à la Réforme un caractère de revanche des Saxons, convertis de force par Charlemagne, et d'hostilité à l'autorité pontificale dépravée : « *Los von Rom* ! »[23] Tandis que Calvin, cosmopolite, ouvert aux intérêts économiques, lève l'interdiction du prêt à intérêt et permet l'essor du capitalisme naissant, introduit de Venise, à défaut d'Anvers[24], à Amsterdam, avec la création, à peine rétablie la paix, d'une Banque (1609) et d'une Bourse (1611), s'inspirant de pratiques traditionnelles juives.

Mais la Rose-Croix joue surtout un rôle déterminant dans les révolutions d'Angleterre. Principal lieutenant d'Andreas, le tchèque Komensky ou « Comenius » intervient là, en 1641, sur un terrain déjà préparé par Robert Fludd, les allemands Michel Maier et Samuel Hartlib, et par la société « Antilia ». L'idéal qu'elle s'efforce de réaliser se trouve exposé comme dans la « *Cité du Soleil* » de Thomas Campanella, dominicain de Naples, père

---

21 — Alias Schwartzerd, ou terre noire, petit-neveu de l'hébraïsant Reuchlin.
22 — Celle de Raschi, celle de Reuchlin.
23 — Loin de Rome, Eloignons-nous de Rome !
24 — Grâce à la Révolte des Pays-Bas entre 1561 et 1579.

de l'existentialisme et du communisme[25], dans la « *Nouvelle Atlantide* » — Nova Atlantis — de François Bacon (1675). Pour commencer, l'on prétend réorganiser l'Europe, selon le schéma présenté par le Rose-Croix Barnaud à Elizabeth I et à Sully et Henri IV, connu sous le nom de « Grand Dessein » : avec 6 monarchies héréditaires, 6 électives et 3 républiques, sans compter la Moscovie et la Turquie.

Tandis que ce plan échoue en France avec la Fronde de Gondi et de Condé (1649), en Angleterre des résultats importants sont obtenus : en exécutant le roi Charles I en 1649, Cromwell et ses Puritains établissent la République ou « Commonwealth » et concluent en 1657, avec Manassé ben Israël d'Amsterdam un traité par lequel les Juifs, expulsés depuis 1290, rentrent moyennant l'accès de la « City » A leurs marchés des « Indes ». Plus tard, la restauration de Charles II ayant été financée par Suaso et autres gens de négoce d'Amsterdam, et la dynastie d'Orange, substituée par contrat (Borith) à la légitime en 1688, Londres, avec sa Banque (1694) et sa Bourse[26], devient le nouveau Centre du Capitalisme International.

Comme elle sera aussi le siège de la « *Grande Mère Loge du Monde* » maçonnique, officialisée en 1717, par le pasteur Désaguliers, dotée des Constitutions d'Anderson en 1723-1738, après que le Rose-Croix Ashmole (Elias) eut pénétré en 1646 dans les clubs prémaçonniques, créé en 1653 la « Maison de Salomon »[27], qu'elle se soit introduite à Masons'Hall[28] en 1682 et que l'Ordre de Saint-André du Chardon ait été rétabli en Ecosse en 1685. Cercle extérieur d'Information et de Propagande, la F∴ M∴, pendant tout le XVIIIe siècle, diffuse l'idéal Rose-Croix et les

---

25 — Publié en 1623 à Francfort.
26 — Ouverte en 1571, reconstruite en 1668 et transformée en « *Change Alley* » en 1697.
27 — Réplique de la « *Maison des Sciences* » fatimide.
28 — Centre de la Maçonnerie opérative ou professionnelle.

idées démocratiques exposées par Baruch Spinoza[29] dans son
« *Tractatus Theologopoliticus* » (1670), idées qualifiées de « françaises » parce qu'elles ont été répandues par Montesquieu, Voltaire et l'Encyclopédie, œuvre de Grimm et du Baron d'Holbach.
Elle combat l'influence du Clergé et parvient à faire expulser les
Jésuites du Portugal en 1759[30], de France en 1764 par Choiseul,
et d'Espagne par le comte d'Aranda et ses amis, en 1767.

Créant à volonté les obédiences nouvelles dont elle avait besoin pour manœuvrer : loges d' « Anciens » de l'irlandais Lawrence Dermott en Angleterre, Grand-Orient de France, détaché de Londres en apparence en 1771-73, la Franc-Maçonnerie
réussit, grâce à Benjamin Franklin — initié en 1730 la Loge de
Philadelphie — à instaurer en Amérique en État fédéral à façade
démocratique, bien que plutôt oligarchique à la grecque, ouvert
dès sa naissance à la toute-puissance de l'Argent, à la spéculation
et aux influences juives, parfaitement symbolisées par la statue
de Washington à Chicago, où le général apparaît d'un côté au
bras de son secrétaire au Trésor Morris et de l'autre à celui de
Haïm Salomon, grand distributeur des subsides hollandais, français et espagnols aux Insurgents.

Alors la Monarchie Française, sabotée financièrement depuis
des années, et singulièrement affaiblie par son intervention dans
cette guerre d'Indépendance américaine, s'offre à la Révolution
comme une proie facile. Dans sa première phase, celle-ci s'inspire du modèle anglais, au point de sembler célébrer le centenaire de celle de 1688, outre-Manche, et dans la seconde, du modèle américain, avec Brissot et les Girondins, lorsque Adrien du
Port et Siéyès tentent de l'imposer par la force à toute l'Europe.
Mais dans sa troisième phase, la journée du 10 août, le renversement de la Monarchie et la Terreur, entre en action une autre

---

29 — Disciple de Maimonides et de Manassé Ben Israël.
30 — Où Carvalho, marquis de Pombal déchaîne contre eux ses persécutions.

organisation souterraine de subversion, celle des « Illuminés de Bavière ». La foudre qui frappa Jacob Lanz en 1785 révéla par hasard l'existence de cet Ordre fondé en 1776 par le professeur d'Ingoldstadt Adam Weishaupt. Revêtus d'une tunique blanche à ceinture écarlate[31], et coiffés de l'« épopte » grecque, ces Illuminés recevaient l'initiation de trois classes de grades, qui les conduisait, de l'interprétation de la vraie religion à l'athéisme, et de la démocratie à l'anarchie. Par l'intermédiaire de son ami Mauvillon, ils surent attirer à eux Mirabeau, assidu des salons juifs pendant son séjour à Berlin, et les lieutenants de Weishaupt, Zwack von Knigge et Bode jouèrent un rôle important dans les convents de Wilhelmsbad (1782) et des « Philalèthes » de Paris (1785 et 1787), chargés de préparer la Révolution. Mais le danger de leur infiltration dans les loges parut si grand, que suivant l'exemple du Grand-Orient, dissous par les Jacobins le 13 mai 1793, les obédiences allemandes entrèrent en sommeil en 1796 et les loges britanniques se « congelèrent » en 1799.

Restaurateur de l'État, Napoléon, protecteur des loges qu'il tenta de « domestiquer »[32], bénéficia de l'appui des sectes, aussi longtemps qu'il organisa l'Europe conquise conformément aux plans de Siéyès, mais elles se retournèrent contre lui lorsqu'il prétendit contrôler les Juifs avec son Sanhédrin (1807), lorsqu'il épousa Marie-Louise de Habsbourg (en 1810), et lorsqu'il refusa les services et les prêts des grands financiers malgré les coalitions auxquelles il devait faire face. Trahi alors par Talleyrand et Fouché, attiré dans le guêpier espagnol et lancé à travers les steppes glacées de la Russie, il succomba dans sa lutte contre le « syndicat » des Rothschild, des Baring et Boyd de Londres, de Hope et Laboucère d'Amsterdam, des Parish de Hambourg et de Bethmann de Frankfurt. De sorte que le Congrès de Vienne de

---

31 — Comme les Assacis, les Templiers, et plus tard les « *Boxers* » chinois.

32 — En les « coiffant » par Cambacérès et Murat.

1815 établit plutôt que la Sainte Alliance du naïf tsar Alexandre, l'empire sur l'Europe des Rothschild et de la Haute Finance. L'hégémonie anglaise se posa sur le continent, et grâce à la décolonisation maçonnique de l'Amérique Ibérique, s'étendit à l'hémisphère occidental.

A peine la première moitié du XIXe siècle s'est-elle écoulée, que l'on prétend ouvrir dans le monde une ère nouvelle. « *J'entame ma dernière partie, Jérusalem ou l'oeuvre de rééducation générale, en cette année* 1840 » écrit Joseph Salvador[33] dans son livre en deux volumes « *Paris, Rome, Jérusalem* », publié en 1860. L'on croit les gouvernement assez affaiblis et la Haute Finance assez forte pour imposer à l'humanité le régime choisi par les « meneurs du jeu », c'est-à-dire le communisme, comme le précise deux ans plus tard, le 12 juillet 1842, Heinrich Heine, fils de banquier, dans la « *Französische Zeitung* » de Hambourg : « *Le Communisme, qui n'a pas encore vue le jour, va faire son apparition... et il se confondra arec la dictature du prolétariat*[34] ». Père du néo-messianisme, Moïse Hess cherche un philosophe susceptible de détruire le Christianisme et le découvre en Karl Marx, disciple d'Hegel et de Feuerbach, fourvoyé en 1844 dans les études économiques. Afin de synchroniser les manœuvres, naît à New-York en 1843 l'Ordre raciste des B'naï B'rith, « Bundesbrüder » ou « Fils du Pacte ». De toutes parts, surgissent des Internationales.

Et de Londres Palmerston, haut dignitaire de la Maçonnerie, lâche sa meute sur l'Europe au cours de la Révolution de 1848. Comme la révolution française, née dans un seul pays — bien que ce fut le plus fort de l'époque — a échoué dans son entreprise de conquête du continent, une autre formule est mise à l'épreuve :

---

33 — Auteur aussi d'une « *Vie de Jésus* » dont s'inspira Renan, Salvador estime que le rôle de Paris consiste à ramener Rome dans la voie des Prophètes.

34 — Prolatarienherrschaft.

celle d'une révolution générale, synchronisée. Lorsqu'est lancé à Londres, en novembre 1847 le mot d'ordre : « *Prolétaires de tous les pays, unissez-vous* ! », et que se fonde la Ligue Communiste, lorsque Marx et Engels publient leur « Manifeste », l'on pense que le mouvement « chartiste », constitué en 1842, réussira à instaurer le nouveau régime dans le pays le plus industrialisé, c'est-à-dire l'Angleterre. Mais tel n'est point le cas. Canalisée, cette agitation débouche plus tard sur l'organisation syndicale des Trade-Unions, encouragée par des lois d'inspiration « tory » de 1844, 46 et 47, jusqu'à ce que le « *Trade Union Act* » de 1871 rétablisse l'équilibre et la paix sociale. Et, comme en France et en Autriche demeurent sur pied des armées capables, avec l'aide de la Russie, de rétablir l'ordre, non seulement chez elles, mais également en Italie et en Allemagne, l'entreprise échoue encore, avec la seule conséquence de l'admission des Juifs dans les assemblées et les administrations de divers pays.

L'exode des vaincus d'Europe Centrale vers les Etats-Unis permettra aux « *ashkenazim* » d'y établir leur prépondérance, à la faveur de la Guerre de Sécession. Conflit de tarifs, provoqué par l'élection d'Abraham Lincoln à la présidence en 1870, travesti en croisade pour l'émancipation des Noirs, cette guerre civile acharnée au cours de laquelle la destruction « industrielle » d'Atlanta en 1864 — pour en détruire la concurrence — préluda à celle de l'Europe pendant la IIe Guerre Mondiale, eut pour conséquences la colonisation du Sud et l'hégémonie de toute une série de dynasties économiques, aussi puissantes que les Rothschild, les Seligman, les Lazard, les Guggenheim, les Gould et les Kuhn-Lœb, ces derniers engraissés dans la grande piraterie des chemins de fer.

Cependant, les responsables de l'échec de la Révolution se convertissent en cibles privilégiées des dirigeants occultes. « *Delenda est Austria* » proclame Mazzini. Contre elle, Napoléon III, « l'homme des sectes » protecteur d'une autre équipe juive Achille Fould et les frères Péreire — qui assume la relève des Rothschild[35], agit comme le « bras de la vengeance », en l'expulsant de l'Italie et en la laissant écraser par la Prusse. Cet aveuglement, la France le paiera par sa déroute de 1870 et par l'insurrection de la Commune en 1871. Dans cette affaire, une autre formule, celle du binôme « Guerre-Révolution », n'a pas eu davantage de succès que les précédentes.

En Crimée, Napoléon III a également participé au premier assaut contre la Russie, dorénavant l'ennemi n° 1 des progressistes de la subversion. Conseillé par Hamburger, le chancelier Gortchakov l'engage dans les conflits balkaniques qui, grâce aux intrigues de Simon Deutsch, et à la formation du groupe des « Jeunes Turcs », avec l'appui de « L'Alliance Israélite Universelle » de Crémieux (1863-65), du baron autrichien Maurice Hirsch et du britannique Sir Moses Montefiore préparent la voie au Sionisme et à l'émancipation des Juifs orientaux par le Congrès de Berlin en 1878. Peu importe que, pour obtenir ce résultat Benjamin Disraéli et son second, le ministre cosmopolite « français » Waddington aient sacrifié les chrétiens dans l'affaire. Disraéli, qui a annoncé dans « *Coningsby* » quatre ans avant qu'elle n'éclate, la révolution imminente de 48, n'a-t-il pas écrit après une tournée en Europe, que « *ceux qui gouvernent le Monde sont des personnages très différents de ceux que peut imaginer qui ne regarde point derrière les coulisses* », et conclu que, « *à plus ou moins longue échéance, le peuple juif atteindra ses objectifs* ».

Le premier se trouvant être alors la lutte contre le tsar « autocrate ». Et la première victime un libéral, Alexandre II, qui a émancipé les serfs en 1861[36], adouci le régime de la « zone de résidence »[37], ouvert aux Juifs les professions libérales et per-

---

35 — « Avec la Révolution (*de* 1848-51), écrit Proudhon, la France n'a fait que changer de Juifs ».
36 — Pour les regrouper malencontreusement dans le « mir ».
37 — Conséquence des partages de la Pologne de 1791, 1794 et 1795

mis qu'ils s'enrichissent dans l'industrialisation accélérée du pays, entre 1860 et 1870. En guise de remerciement, il tomba victime des attentats des « *narodniki* », des nihilistes de « *Zemlia i Volia* » (Terre et Liberté), disciples de Bakounine, d'Alexandre Herzen et de Paul Axelrod, qui s'enfuirent aux Etats-Unis quand vint la répression d'Alexandre III et de l'Okhrana, en 1881.

A partir de là, comme à partir de Londres, se concentra la tempête destinée à abattre le régime tsariste conformément au schéma de Hegel, la guerre contre le japon[38] servant d'accoucheuse de la révolution ratée de Bronstein-Trotski entre 1905 et 1908. Scellée dans la guerre contre les Boërs, qui permit à Cecil Rhodes et à ses banquiers[39] de s'emparer des richesses en or et en diamants du Transvaal, suffisantes pour alimenter l'instauration de son hégémonie mondiale, l'alliance anglo-saxonne a été l'œuvre du groupe de la « Round Table », s'inspirant des idées de John Ruskin (1819-1900), professeur à Oxford, disciple de Platon et partisan de sa République collectiviste — dont il exposait les théories à la St George's Guild — Cecil Rhodes (1853-1902), initié à la Maçonnerie en 1873-74, fonda le 5 février 1891 cette société organisée en cercles concentriques de forme maçonnique, autour de lui, Grand-Maître, secondé par un Comité exécutif de trois membres :

1. le journaliste William T. Stead (1849-1912), qui mit en contact le groupe initial d'Oxford avec un autre de Cambridge.
2. L'homme politique Reginald Baliol Brett (Lord Esher), homme de confiance et pensionné[40] de Sir Ernest Cassel[41] et

---

38 — Financée par Jacob Schiff, soutenue par l'alliance anglaise.
39 — R. Oppenheim, Alfred Beit et Barney-Barnato.
40 — 5 000 £ par an jusqu'en juillet 1904.
41 — Cousin germain d'Edouard VII, par la mère du Prince Consort, Albert de Saxe-Cobourg-Gotha pour le compte de qui il surveillait le

3. Alfred, Lord Milner, l'énergique gouverneur du Cap, en 1897.

Au nombre des membres du Cercle intérieur d'initiés on note Arthur (Lord Balfour), Arthur (Lord Grey), sir Henry Johnston, Lord Nathaniel Rothschild, l'historien Arnold Toynbee (d'Oxford), sir John B. Seeley (de Cambridge)... Successeur de Rhodes en 1902, lord Milner étendit l'influence du groupe, logé à Chatham House[42], avec l'appui de la Midland Bank, des Lazard et de Morgan, en créant un Cercle extérieur de « *Helpers* » ou d'associés, recrutés dans sept pays (y compris l'Inde) puis dans huit (en 1960), fondant le « Rhodes Trust », le « Rhodesian Institute » et la revue « *Round Table* » (nov. 1910 à 1961), dont le secrétaire général (de 1925 à 1939) fut Lord Lothian (Isaac Kerr), secrétaire de Lloyd George et l'un des délégués à Versailles, puis ambassadeur officieux à Washington en 1939-40. A Lord Milner succédèrent Lionel Curtiss (19251955), Robert H. lord Brand[43] et ensuite Adam Manic, fils de William, également de la maison Lazard.

Les « buts » de la Round Table étaient, en une première phase, la constitution d'un Empire ou « Commonwealth » britannique, et dans une seconde sa fusion avec les Etats-Unis, laquelle travaillait le groupe correspondant de la « New Republic » (1914) dirigé par Willard Straight, allié à la puissante famille Whitney, secondé par Walter Lippamnn. Ainsi réunis, les « *English speaking peoples* » domineraient facilement le Monde. De façon très explicite, le chef de la Communauté « séphardite » des Etats-Unis, Henry Pereira Mendes exposait ce plan en 1898 dans son livre « *England and America, the Dream of Peace* », de même qu'il annonçait dans son autre ouvrage « *Looking Ahead* » l'an-

---

gouvernement.
42 — Siège de l'Institut des Affaires Internationales en 1919.
43 — Beau-frère de Lady Astor, administrateur de la Banque Lazard (1955-1963).

née suivante (1899), quinze ans à l'avance, l'imminence de la Première Guerre Mondiale et ses conséquences[44], Dans la première Révolution Russe, celle de mars 1917, le groupe de la Round Table auquel appartenait l'ambassadeur britannique à Pétrograd, sir George Buchanan, démocrate du genre naïf, joua un rôle très actif, en subventionnant avec 21 millions de roubles l'action du prince Lvov, pontife de la maçonnerie russe et de Kerenski[45].

Mais, lorsque l'Intelligence Service tenta de s'opposer à l'entrée en scène de Trotski, en l'arrêtant à Halifax le 27 mars, elle fut contrainte de le relâcher, sous la menace du colonel Mandell-House, de Jacob Schiff et de ses amis banquiers du groupe Kuhn-Lœb, de couper leurs crédits aux Alliés.., et les Bolcheviks, éliminant Kerenski en octobre, s'emparèrent du pouvoir.

Autour du tapis vert de Versailles, les assesseurs de Lloyd George[46], lord Milner et lord Balfour sont les dirigeants mêmes de la Round Table. Et lorsque le « manager » de Wilson, Mandel House, se heurta à l'opposition du Sénat à l'adhésion des Etats-Unis à la Société des Nations, il essaya de renforcer la position des interventionnistes en créant, comme une succursale du groupe britannique, le « Council on Foreign Relations ». Ce Conseil naquit au cours d'un déjeuner à l'Hôtel Majestic à Paris le 19 mai 1919 et d'un dîner-conférence, le 30, en présence des anglais lord Robert Cecil et Lionel Curtiss. Or, il ne faut pas oublier que le colonel House, membre des « *Masters of Wisdom* »[47] avait exposé son idéal socialisant et collectiviste dans son livre « *Philip Dru, administrator* » dès 1912. Cependant ses dirigeants Christian A. Herter et les frères Allen et Foster Dulles présentèrent le groupe, dans ses statuts de 1921, comme consacré à l'étude du rôle international des Etats-Unis ainsi que l'indiquait le titre de

---

44 — Entre autres l'établissement d'un « Foyer Juif » en Palestine...

45 — Juif pat sa mère comme pat son père véritable.

46 — En outre de ses secrétaires, sir Isaac Kerr et sir Philip Sassoon.

47 — Maîtres de la Sagesse.

la revue trimestrielle « *Foreign Affairs* », publiée en 1922. Installé par Rockefeller en 1929 à Harold Pratt House, à New-York[48], le Conseil disposait du soutien de toute la Haute Finance, des Fondations Rockefeller, Carnegie, Ford, des Rockefeller, de Nelson Aldrich et de la Chase, de Morgan, de Vanderlip de la « National City Bank », de Jacob Schiff et de la Kuhn-Lœb, de Bernard Baruch, des Warburg, d'Avereil Harriman, etc.

Ce club a été dénoncé en 1954 par le représentant Reece comme « *une agence gouvernementale poursuivant ses propres objectifs internationaux* » ; présenté par l'ex-adjoint d'Edgar Hoover au F.B.I., Dan Smoot, en 1961, comme un « *gouvernement invisible* » ; et par le sénateur William Jenner en 1962 comme « *une autre forme de gouvernement, une élite bureaucratique, qui considère notre constitution comme passée de mode et qui prépare l'instauration d'un socialisme mondiale collectiviste* ». En 1960, il comptait quelque 1 400 membres, dont la moitié de résidants. Depuis 1944, les présidents (sauf Truman, qui le fut par hasard), les secrétaires d'Etat à partir de Cordell Hull, Edward Stettinius, Dean Acheson (sauf James Byrnes), de nombreux ministres, plus de 60 titulaires des plus hauts emplois sous Kennedy et Johnson, 40 de membres de la délégation américaine à San Francisco pour l'Organisation des Nations-Unies[49] les diplomates Charles Bohlen, Douglas Dillon, John MacCloy, Henry Cabot Lodge, les généraux L. L. Lemnitzer et son successeur Maxwell Taylor, les chefs de la C.I.A. Allen Dulles et son successeur John McCone, Paul G, Hoffman, etc. et toute une légion de journalistes, de grands banquiers, de dirigeants de sociétés multinationales, d'administrateurs de Fondations, répartiteurs de la manne publicitaire, ont été membres du C.F.R.

Sa position a été parfaitement définie par Arthur Schlesinger Jr, futur assistant personnel de John Kennedy et de Johnson, s'ex-

---

48 — Dans Park Avenue, en face de l'ambassade soviétique à l'ONU.
49 — Dont Alger Hiss, Adlaï Stevenson,, Ralph Bunche, etc.

primant, tel un nouveau Lassalle, dans « Partisan Review » de mai-juin 1947 : à l'intérieur, « *introduire le socialisme pas à pas et démocratiquement... à la faveur d'une série de « New Deals »* »[50], et grâce à la concentration industrielle décrite par David Lilienthal[51] dans son livre « Big Business », en 1953. A l'extérieur, ajoute Schlesinger : « les Etats-Unis ne doivent pas chercher à l'emporter contre le communisme, et à libérer les peuples asservis, ni même permettre qu'ils se libèrent eux-mêmes ». Telle sera la doctrine de Walter Lipmann lors de la révolte de Budapest en 1956, comme plus tard celle d'un rapport conjoint des départements d'Etat et de la Défense, et à présent celle de l'adjoint de Kissinger, Sonnenfeldt.

L'activité des « sous-produits » du C.F.R., « Institute of Pacific Relations » et le Club de Pugwash, est également révélatrice de ses tendances progressistes. Le premier, créé en 1925, à l'instigation de Parkins et de Lionel Cortiss, constitué en dix groupes répartis dans les états riverains du Pacifique, a fonctionné, conformément à des statuts établis par Jerome D. Green (de Rockefeller) en 1926, avec le soutien financier des Fondations Carnegie et Rockefeller, de Vanderbilt et du fils de Thomas W. Lamont (de chez Morgan), Cortiss, de tendances communistes reconnues. Le rôle décisif joué par l'équipe Owen Lattimore, Philip Jessup, Alger Hiss, Henry Dexter-White dans la conquête de la Chine par Mao-Tse-Toung a été mis en pleine lumière lorsque les commissions Mac Carran et Mac Carthy et le rapport Reece démontrèrent l'appartenance de ce groupe et de 17 fonctionnaires du Département d'Etat (dont 11 membres du C.F.R.) au réseau communiste de Renseignement de G.N. Voitinski (57 quittèrent le ministère avant novembre 1954) et l'Institut se saborda en mars 1961.

---

50 — Staline en personne ne l'a-t-il pas jugé possible, en s'entretenant avec Harold Laski, mentor du Labour ?
51 — De la « *Tennessee Valley Authority* » et de la Commission Atomique.

Depuis, la coopération avec l'Est a été prise en charge par le groupe de Pugwash, formé par des savants atomistes en 1954 à Vienne, présenté, avec l'accord d'Einstein, dans un manifeste par Bertrand Russell en juillet, réuni à Londres en août 1955, sous les auspices de l'Association Interparlementaire pour un Gouvernement Mondial, et constitué le 7 juillet 1957 (en présence de trois soviétiques sur 24 participants) chez le mécène Cyrus Eaton[52], frère d'un Grand-Maître des B'naï B'rith et l'un des supporters de Roosevelt en 1932, décoré de l'Ordre de Lénine, champion de la détente et du désarmement nucléaire[53], dans son domaine de l'Île de Pugwash, en Nouvelle-Ecosse. Que Kissinger ait été le poulain de Cyrus Eaton avant d'être « lancé » par Nelson Rockefeller, explique suffisamment les complaisances de « dear Henry », ex-collaborateur des Soviets dans la dénazification de l'Allemagne, envers l'U.R.S.S., tant en Indochine et en matière nucléaire, qu'en Méditerranée et à présent en Afrique.

Afin d'agir dans l'Europe « atlantique » — concept antérieur à la IIe Guerre Mondiale, puisqu'il procède des idées de Clarence Streit, exposées dans ses livres « *Union Now* » et « *Union Now with Britain* » — fut constitué en mai 1954 à l'hôtel Bilderberg, à Oosterbeek, sous la présidence du prince Bernand de Lippe, le groupe qui porte ce nom. Son inspirateur était un curieux personnage, ami des socialistes Paul-Henri Spaak et Paul van Zeeland, fort liés à la Haute Finance, qui organisa à La Haye en 1948 le premier congrès de l'Europe (atlantique, s'entend), avec la participation de Jean Monnet et de Robert Schuman, fondateurs du Conseil pour l'Europe unie en 1946. Ce promoteur de l'Europe plouto-démocratique ou « capital-socialiste » s'appelle Joseph Retinger, un juif polonais, né en 1887, affilié à la F∴ M∴ suédoise de Swedenborg, agent des services polonais de 1913 à 1960,

---

52 — Homme d'affaires canadien, intéressé dans la sidérurgie, les services publics et les chemins de fer.
53 — Comme les frères Rostow, Jerome Wiesner et autres.

protégé dès 1913 par le Colonel Mandell-House (son F∴ des « Masters of Wisdom »), conseiller en 1924 du général Sikorski (Grand-Maître de la Maçonnerie polonaise), qu'il accompagna en 1939 dans son exil à Paris, avant d'assumer les fonctions de chargé d'affaires polonais à Moscou.

Bien que le secret de ses réunions annuelles soit bien gardé, l'on sait que ce groupe invite à ses discussions financières, économiques, commerciales voire militaires, toujours orientées vers la formation d'un gouvernement mondial, des hommes politiques représentant des partis opposés en apparence, tels qu'Edward Heath et lady Thatcher avec Harold Wilson et Denis Healey en Angleterre[54], Valéry Giscard d'Estaing et son conseiller Lionel Stoleru, avec les conseillers économiques de Mitterrand, Uri et Attali, en France, etc., travaillant ensemble envers des objectifs communs, ce qui démontre la fraude sur laquelle repose le système plouto-démocratique...

D'autres organes consultatifs se consacrent à l'étude de questions purement économiques, tel le « Business Advisory Council » créé en 1933[55] ; le « Business Council » qui réunit depuis 1961, 160 des plus grands magnats des affaires ; le « Committee for Economic Development », William Donhoff, « The Higher Cincles ». Et « last but not least »[56], la chaîne d'espionnage économique des « World Trade Centers » au service des sociétés multinationales et les « Conférences des Milliardaires », convoquées à Tel-Aviv le 9 août 1967, puis au début d'avril et le 7 novembre 1968 à Jérusalem, en présence de 60 participants, qui

---

54 — Ou quelques conseillers inamovibles, lord Nathaniel Rothschild, lord Arnold Goodman, sir Solly Zuckerman, sud-africain, Nicolas Kaldor et Thomas Balogh, hongrois, dirigent les affaires économiques.
55 — Avec Daniel C. Roper et Sydney J. Weinberg, pour l'étude du « *New Deal* ».
56 — De même qu'à côté de la F∴ M∴ universelle existent des obédiences purement juives comme les B'naï B'rith.

ne traitèrent pas seulement de l'appui financier à fournir à Israël mais de beaucoup d'autres questions d'intérêt mondial, comme l'indique l'ordre du jour proposé par sir Charles Clore à leur seconde réunion « Réorganisation mondiale du pouvoir d'Israël », question de l'or, appui aux pays opposés à l'étalon-or, lutte contre De Gaulle[57], mise au pas des régimes polonais (contre le général Moczar) et tchèque[58]. La dernière réunion, officieuse, de ce groupe, a réuni chez un banquier de Paris deux douzaines de ses membres, au cours de la première quinzaine d'octobre 1974. Elle s'occupa de la nécessité d'enlever aux Arabes le contrôle du pétrole, soit au prix d'une intervention militaire, soit en prenant ses distances avec Israël pour obtenir la neutralité soviétique.

Telles sont les entreprises d'hégémonie mondiale que nous avons tenté de dévoiler dans notre ouvrage. En partie ou en totalité, ces entreprises ont été exposées par un de leurs admirateurs, le professeur Carroll Quigley, de l'Ecole. Diplomatique Georgetown (South Carolina) dans son livre « *Tragedy and Hope* »[59]. Par ailleurs elles ont été dénoncées dans les livres de Gary Allen : « *None dare call it Conspiracy* »[60] et de John Stormer : « *None dare call it Treason* »[61]. Et aussi par Cleon Skousen, ex-agent du F.B.I., auteur d'un best-seller : « *The Naked Communist* », puis de « *The Naked Capitalist* »[62] (1971), résumé et critique de Quigley. Comme en France par nos amis Pierre Virion, « *Bientôt*

---

57 — Coupable d'avoir décrété l'embargo sur les fournitures d'armements au Proche-Orient, ce qui lui coûtera la présidence, bien qu'il ait près de lui Bloch-Lainé comme mentor économique.
58 — D'où la découverte dans une rivière du cadavre de Jordan, du « *Joint Distribution Committee* », répartiteur de subsides au « Printemps de Prague ».
59 — 1300 pages, chez MacMillan, à New-York et à Londres, 1966.
60 — Personne n'ose appeler cela une Conspiration ».
61 — « Personne n'ose appeler cela Trahison ».
62 — « Le Communiste à nu » et « Le Capitaliste à nu ».

un Gouvernement Mondial ? » et Jacques Bordiot, « *Une Main Cachée dirige* » (1974).

Au cours de son histoire, l'Espagne a réussi à résister à presque toutes ces entreprises : à la Réforme, à la contagion de la Révolution marxiste de 1936, grâce à la croisade du 18 juillet. Avant de disparaître, son Caudillo l'a mise en garde contre les intrigues qui, à présent, la menacent. Nous espérons que l'« Explication de notre Temps » que nous vous présentons[63], l'aidera à mieux connaître ses ennemis même déguisés en amis et à échapper aux écueils qu'elle va rencontrer sur sa route.

Jean LOMBARD

---

63 — L'ouvrage « *La Cara oculta de la Historia Moderna* » ; « *La Face cachée de l'Histoire Moderne* ».

NOTE

Grégoire VII malmené ?

Suite à la parution du texte de la conférence de Jean Lombard : « *Crise, Guerre Révolution* », publiée dans notre numéro 16 d'Avril 2010, des monarchistes vindicatifs[64] — à propos desquels on se demande s'ils ont bien compris le combat envers la Contre-Eglise — se sont focalisés sur les passages où Jean Lombard égratigne Hildebrand, futur Grégoire VII, pontife qui vécut à une période de graves troubles, de luttes d'influence, où les factions en présence favorisaient par tous les moyens leurs candidats...

Certes, celui qui devait réformer l'Eglise en profondeur au cours de cette terrible époque — n'eut pas l'heur de plaire à tous puisque de son vivant, ses détracteurs n'hésitaient pas à le nommer « Saint Satan », apostrophe fort inconvenante pour un pape que l'Eglise mettra sur les autels

Grégoire VII libérera l'Eglise du lien féodal pour la placer au-dessus de toutes les autres institutions, l'Eglise ne devant pas subir le joug des puissances séculières. Observons toutefois que

---

64 — (NDR) Et d'abord qui sont ces zoïles ? Quels sont leurs travaux ? Où sont leurs études ? Que connaissent-ils du sujet traité par Jean Lombard ? De quel droit, avec quelle compétence, osent-ils juger et condamner un Jean Lombard ? Leur manière d'agir avec mépris est indigne d'un historien sérieux et même d'un simple chrétien.

n'étant plus immergée dans le tissu féodal, mais plutôt en position d'arbitre, certaines manœuvres de l'Ennemi pourront lui échapper et c'est bien cet aspect ennuyeux que Jean Lombard a fortement regretté : en donnant sa liberté a l'Eglise, il a aussi donné leur liberté aux ennemis de NSJC...

Jean Lombard a, certes, des paroles dures mais n'oublions pas que sa spécialité était l'**histoire secrète**, celle où les « hétérodoxes » joueront un rôle puissant, grâce au concours des pires sectes antichrétiennes, très empressées de satisfaire leurs ordres toujours orientés vers la dissolution des institutions chrétiennes. Jean Lombard ne remet pas en cause la sainteté de Grégoire VII et l'Eglise a bien fait de considérer la qualité de sa vie et de son action. Il était l'homme qu'il fallait pour cette époque tumultueuse.

Il n'en demeure pas moins que même si Jean Lombard a pu émettre vis à vis de Grégoire VII des jugements sévères — les faits subversifs sont malheureusement là et l'action des « *Léon-Baruch-Pierleoni* » indéniable... — cela ne justifie pas qu'on le voue aux gémonies et qu'on disqualifie son œuvre. Le procédé commence maintenant à être bien connu pour qu'on se garde d'y souscrire. Jean Lombard, contrairement aux méchantes allégations de nos monarchistes-à-la-dent-dure, n'était pas un « *écrivain du XIXe siècle* »[65] qui aurait usé et abusé du « copier-coller » Cette façon « charmante » d'écrire n'était pas la sienne, étant

---

65 — Ce mépris de certains « monarchistes » pour les écrivains du XIXe siècle est plutôt curieux. Ne disposant pas des formidables moyens techniques d'aujourd'hui qui les auraient remarquablement servis, ces écrivains ont pourtant abattu un travail admirable, tout vu, tout compris, tout annoncé. Leurs ouvrages sont des sommes dont on ne peut se dispenser si l'on veut étudier sérieusement. Voir tous les ouvrages fondamentaux de ces écrivains honnis, réédités par les Edt. Saint Remy.
(NDR) Soulignons enfin que les lecteurs qui ont lu Jean Lombard ne comprennent pas après coup de tels critiques. Comment les prendre au sérieux une minute quand on compare leurs quelques lignes avec un livre si documenté et si éclairant,

donné sa formation d'archiviste-paléographe, mais peut-être est-elle celle des « historiens post-windows »... Il suffit de prendre connaissance de quelques passages de son œuvre pour avoir une petite idée de sa hauteur de vue.

Nos monarchistes aussi hâtifs qu'expéditifs feraient bien d'y réfléchir à deux fois. Une œuvre comme celle de Jean Lombard est bien trop rare et bien trop importante pour être condamnée sans appel sur des propos qui concernent une période antérieure à sa monumentale « *Face Cachée de l'Histoire Moderne* » qui traite, rappelons-le, de la période 1453-1980.

Nous comprenons — même si cela doit scandaliser certains — les inquiétudes de Jean Lombard qui observait la progression constante des « hétérodoxes » sur leur longue route vers la domination mondiale

Enfin, il est indéniable que certains événements historiques comme le Grand Schisme d'Occident, l'anéantissement de la société féodale, les hérésies liées à la peste du laïcisme ont en amont des racines qui ont pris dans un terreau qui ne leur était pas destiné. On pourrait faire un parallèle entre les mesures préconisées par Grégoire VII et celles adoptées par les Sectaires de 1905... Des mesures qui devaient profiter en priorité à l'Eglise finiront par servir les intérêts de l'Ennemi. Beaucoup d'abominations mettent des siècles avant d'éclore !...

Nous engageons donc nos lecteurs à ne pas se focaliser sur des lignes qui peuvent choquer certains mais à étudier la véritable histoire avec des guides sûrs. Jean Lombard en était un et pas des moindres !

Ernest LARISSE

Jean Lombard

&

« LA FACE CACHÉE DE L'HISTOIRE MODERNE »

« EUROPE, QUEL EST TON DESTIN ? »
(2ème Conférence)

Présentation d'Ernest Larisse

Dans le précédent numéro de *La voix des Francs*[66], nous avons reproduit la première conférence inédite de Jean Lombard, prononcée le 13 mai 1976 dans la salle de conférences des « *Editions Fuerza Nueva* ». Ces éditions espagnoles publieront de 1976

---

66 — NDE : Nous apportons ici un avertissement à nos lecteurs dans la même ligne qu'Ernest Larisse. Nous ne souscrivons pas en effet au jugement erroné de Jean Lombard à propos de Saint Grégoire VII, de son élection et de son rôle important dans l'organisation de la chrétienté. Ce pape a joué un très grand rôle pour la liberté de l'Église vis-à-vis du pouvoir temporel des rois. Afin de donner à nos lecteur un juste jugement sur ce pontificat, nous avons réédité l'ouvrage de référence HISTOIRE DU PAPE GRÉGOIRE VII ET DE SON SIÈCLE d'après les monuments originaux, par M. J. VOIGT, professeur à l'université de Prague, 1846. 1 vol., 664 pages. On pourra aussi se reporter aux histoires de l'Église de Darras ou Rohrbacher que nous avons rééditées. Cependant, nous ne serions remettre en cause l'œuvre monumentale de Jean Lombard en ce qu'elle montre d'une manière très érudite les étapes de la prise du pouvoir par la maçonnerie sut le monde à travers l'histoire. Son étude est très importante et n'a pas d'équivalent de l'avis des spécialistes.

à 1980 les quatre gros volumes de grand format agrémentés de photographies des subversifs de toutes les époques — de : « *La Cara Oculta de la Historia Moderna* », l'auteur n'ayant pu trouver un seul éditeur français qui acceptât de publier son œuvre monumentale. Situation plutôt étonnante au « pays de la liberté d'expression », n'est-ce pas ? !... En désespoir de cause J. Lombard fit traduire en espagnol ce monument afin que tout ne soit pas perdu. En 1982 l'imprimeur de l'édition espagnole publiera une édition française abrégée, regroupant seulement les tomes 1 et 2 espagnols quelques peu expurgés et diffusée en France par la « Diffusion de la Pensée Française » (D P F)...

C'est cette édition que les Edt. Saint Remy ont rééditée, seul volume paru en France sous le titre : « *La Face Cachée de l'Histoire Moderne* »[67]. Il faut savoir que les volumes de l'édition espagnole ne parurent pas « dans l'ordre ». Ainsi la première conférence de 1976 fut prononcée à l'occasion de la parution du tome III et le 26 mai 1977, également dans la « salle de conférences de Fuerza Nueva », l'auteur prononça la conférence que nous reproduisons dans le présent numéro pour saluer la parution du tome IV. Le tome I paraîtra en 1979 et le tome II en 1980.

Le titre de la deuxième conférence de Jean Lombard rappelle celui d'un petit ouvrage de Pierre Virion, bien oublié : « *L'Europe, après sa dernière chance, son destin* »[68], cette Europe supra-nationale qui n'a plus rien à voir avec l'antique Europe Chrétienne, une nouvelle Europe qui commença à voir le jour à la fin de la Première Guerre Mondiale, lorsque l'Empire Austro-Hongrois fut démembré et que les Puissances Obscures eurent toute la-

---

67 — Cette réédition au format agrandi est particulièrement agréable car les caractères typographiques de l'édition originale étaient trop petits, travers habituel de certains éditeurs qui « trichent » ainsi pour que les volumes ne soient pas épais comme des briques. Mais cela perd en lisibilité, et l'âge aidant, de telles éditions sont un supplice pour les yeux...
68 — Edité par les Editions Téqui, comme ses autres titres.

titude d'édifier leur construction artificielle, futur piédestal du Gouvernement Mondial !

Nous vous laissons maintenant prendre connaissance de cette remarquable conférence qui va vous donner toutes les clés de cette construction artificielle qu'est l'Europe Mondialiste.

Texte de la Conférence

Pour atteindre leur objectif, ceux qui prétendent dominer le Monde disposent de deux moyens d'action principaux :
- les Sociétés Secrètes, comme la Maçonnerie, sur l'activité desquelles nous avons tenté de vous exposer une synthèse l'an dernier[69], en vous présentant le tome III de notre ouvrage,
- et l'Argent, c'est-à-dire la Haute Finance, dont l'intervention a été souvent décisive dans le déclenchement des guerres et des révolutions.

En vous présentant ce IVe tome qui vient de paraître[70], nous nous proposons de vous donner quelques exemples d'emploi de cette « Arme du Destin ».

Biographe du grand Condé et historien de la Fronde, Henri Malo écrit que « *l'histoire des révolutions est inscrite dans les livres de comptes des banquiers* ». La Fronde n'était alors qu'une mauvaise copie des révolutions d'Angleterre de 1640-1668. Or, le chef des Puritains, Olivier Cromwell, si dévot que, selon lui « *Dieu parlait par sa bouche* », n'hésitait pas à écrire à l'un de ses commanditaires, Mr Storie, à l'enseigne du Chien, en la Cité de Londres, que « *sans argent, il n'y a point de prêche* » (lettre du

---

69 — La conférence de 1976 que nous avons reproduite dans le précédent numéro de *La voix des Francs*.
70 — Le tome IV de la « *Caca oculta* » parut en Espagne en 1977...

11 janvier 1636). Bien qu'imbibé de religion, cet Olivier Williams n'était donc guère plus « pur » que son oncle Thomas Cromwell (qui lui avait légué son nom), agent des Juifs de Venise et d'Anvers, avant de devenir le mauvais génie du Cardinal Wolsey (1514-1525) puis du roi Henry VIII, le promoteur de la rupture avec Rome et le liquidateur des biens du Clergé (1536-1540), dont la nouvelle « gentry » allait s'engraisser. Aux Juifs, Olivier Cromwell allait bientôt payer sa dette, en autorisant leur retour en Angleterre, à la condition d'ouvrir aux armateurs et gens de négoce de la City les marchés hispano-portugais de l'époque (par son traité de 1657 avec Manassé Ben Israël).

Ainsi rentrèrent-ils en Angleterre à Londres, comme ils l'avaient déjà fait à Amsterdam. Grâce à la Réforme, Calvin (disciple de Pierre de l'Estoile et ami intime du négociant Pierre de La Force) substituant la « *Cité de l'Argent* » à la « *Cité de Dieu* », **en levant la prescription du « juste prix » et les restrictions canoniques contre l'usure et le prêt à intérêt**, leur ouvrit la voie. Sous la protection de la famille d'Orange, furent créées à Amsterdam une Banque (1609) et une Bourse (1611) de même qu'à Londres (en 1694 et 1571-1697). Là ils introduisirent leur « papier » (ou « mamré », lettres au porteur avec endos), les sociétés anonymes, les Compagnies de Commerce avec privilège, les trafics à découvert sur les valeurs et les marchandises, etc... C'est à dire les méthodes de spéculation du capitalisme moderne.

Sur ces entrefaites, en France, la Fronde n'avait abouti qu'à un échec, en dépit des importants subsides (d'origine encore indéterminée) distribués par le Cardinal de Retz et Paul de Gondi (fils d'un banquier et d'une entremetteuse) aussi doué pour l'intrigue et la littérature que dénué de scrupule. D'après le président de la Cour des Aides, Amelot, le prince de Condé aurait touché 600 000 £, pour retourner ses armes contre le Roi. Ce représentant de la dynastie « parallèle » (Condé — Conti — Clermont, Orléans) s'était, il est vrai, entouré de marranes (La Pereyre) et de

Rose-Croix et entretenait des relations d'amitié avec Spinoza. En outre, l'on sait que l'émeute de l'Hôtel de Ville, du 4 juillet 1651, coûta 4200 £ et que pour la journée, les manifestants reçurent un pourboire de 17 sols.

Endurci dès sa jeunesse par l'expérience de ces troubles, Louis XIV parvint à résister aux assauts des coalitions orangistes dressées contre lui. Mais au prix de graves difficultés financières. Malgré les poursuites intentées sur l'initiative de Colbert, contre Nicolas Fouquet et 4 000 autres financiers, les fermiers d'impôts continuaient de prélever le quart ou le tiers de leur produit (107 sur 350 pendant la Ligue d'Augsburg). Boisguillebert les dénonça durement (1697-1707) et Vauban proposa dans sa « *Dîme Royale* » (1707) une réforme fiscale, qui ne vit pas le jour. Et dans sa lutte contre la coalition protestante le Roi dut recourir pour ses transferts à l'étranger aux services du banquier Samuel Bernard (lié à Jérémie Horquelin d'Amsterdam), juif successivement converti au protestantisme en 1651 et au catholicisme en 1685 (ce qui permit de marier ses fils et ses filles dans les plus nobles familles, les Moignon-Boulain-Villiers, Clermont-Tonnerre, Cosse-Brissac). Prélevant 40% de bénéfice sur ses opérations, ce « féal » financier provoqua en 1711-1713 une banqueroute, dont la place de Lyon ne se releva pas. Parallèlement, en Angleterre, s'engraissaient les fournisseurs aux armées : Carvajal (*the great contractor*) et Salomon Medina (associé dans ses spéculations en Bourse avec le Duc de Marlborough (Churchill), qui lui réservait la primeur des nouvelles de ses victoires de Flandres).

Bien que Desmaretz ait réussi à assainir la situation, les finances françaises ne purent se rétablir, par suite de l'avènement du Duc d'Orléans (créature de l'ambassadeur anglais Stairs). S'il ne consentit pas à la banqueroute, recommandée par le Duc de Saint-Simon, le Régent procéda en effet à la liquidation préconisée par les frères Paris (protégés de Samuel Bernard) et, après une caricature de Chambre de Justice contre les financiers en 1715, fidèle à l'exemple anglais, ouvrit la voie aux spéculations de la rue Quincampoix sur les valeurs de la Cie du Mississippi (réplique du « *South Sea Pub* » de Londres) et aux ambitieux projets de Law (1717-1719), dont l'inflation de billets et de titres se termina en 1720 par un krach, qui compromit pour le temps la création d'une Banque Centrale en France.

C'est ainsi que la Monarchie Française — impuissante à imposer aux Parlements une réforme fiscale — État pauvre dans un pays riche, se vit réduite à vivre d'expédients vingtième de la taille, émission de rentes et ventes d'offices. Et la Dette, accrue par les dépenses de l'Indépendance Américaine, offrit à la Haute Finance l'occasion qu'elle cherchait pour imposer sa volonté à la France, comme elle l'avait déjà fait à la Hollande et à l'Angleterre. Pour couvrir les frais de la guerre (1500 à 1800 M de £) — « nourrie » d'autre part par les frères Grand et Homegguer d'Amsterdam, le juif Haym Salomon servant de trésorier payeur général — le banquier cosmopolite Necker (né en Suisse d'un père poméranien), maçon, ami des Encyclopédistes, associé aux suisses Isaac Vernet et Georges Thellusson (dont le frère Pierre vivait à Londres depuis 1762), Girardot et Haller, aux anglais James Bourdieu et Herries et aux hollandais Hormeca et Hogguer, Hope et Vandenyver, s'oppose tant aux économies qu'aux réformes (instauration de l'impôt territorial) préconisées, après l'abbé Terray, par Turgot, et enfin par Calonne, sous le nom de « subvention territoriale », en 1786, et préfère recourir à un flot continu d'émission de loteries, de rentes sur la vie et d'emprunts, au plus grand profit de son consortium international. C'est ainsi que Necker[71] se fit le fourrier de la Révolution, selon son biographe Lavaquery, lors de son premier passage au pouvoir de 1776 à 1780 plus tard, d'août 1788 à septembre 1790, le fossoyeur de la monarchie, contrainte après le refus des 144 Notables (privilégiés) de la réforme de Calonne (2 février 1787) parce qu'accu-

---

71 — « Notre meilleur et dernier ami » disait de lui l'anglais Burke.

lée à la banqueroute convoquer les Etats Généraux, manipulés par la Maçonnerie.

Au cours de cette première phase de la Révolution s'agitent aussi, derrière les hommes politiques, des clans financiers rivaux. Derrière le duc d'Orléans, Philippe-Egalité, en outre de ses banquiers anglais Walter Boyd et William Kerr, le groupe judéo-protestant de Strasbourg, les Cerf-Beer et les Kornemann, ses associés dans la « bonne affaire » du Palais Royal. Derrière Mirabeau, Etienne Clavière — qui avait appuyé le mouvement — démocratique » en Suisse en 1782 — et son syndicat. Derrière Talleyrand, le « juif » Isaac Panchau, fondateur de la « Caisse d'Escompte » en juin 1776. Et lorsque l'anarchie l'emportant, les caisses de l'Etat se trouvèrent privées de rentrées en 1790, lorsque Talleyrand[72] prépara, le 10 octobre, la confiscation des biens du Clergé — 2 novembre et 15 avril 1790 — lorsqu'avec la dévalorisation des assignats, créés le 10 août 1790 se produit la banqueroute, alors s'abattent sur la France de grands vols de corbeaux prompts à la curée, venus de Hollande (Louis Greffulhes, Jacques Montz) ou de Suisse (Jacques Piderman Pacwe, Gaspar Schweitzer, ami des « Illuminés », etc.).

Pendant la seconde phase de la Révolution — l'américaine, des Girondins — la Haute Finance ne se contente pas d'acculer la Monarchie à la faillite et de s'engraisser des dépouilles du Clergé, mais elle intervient directement pour aider ses agents, sous la forme de subsides anglais à Danton et à ses amis — Chabot par exemple, lié par ailleurs aux frères Frey — ou des hollandais Kock et Vandenyver, du belge Walkiers et de Pereira (de Bordeaux) en faveur des « Enragés » de la Montagne. Sans oublier les apports des plus fameux banquiers juifs du roi de Prusse, lorsqu'il s'agit d'en finir avec Louis XVI. De cette ingérence nous possédons un témoignage de première main : la lettre, publiée par le biographe

---

72 — Agent financier du Clergé avant d'être nommé évêque, et ceci explique le reste de sa carrière.

de Lafayette, Maurice de La Fuye, par laquelle Benjamin Veitel Ephraim — l'ami des Itzig, des Friedlaender et des Mendellsohn, déjà mêlé à l'insurrection hollandaise de 1787 — se lamente de l'échec de la journée du 8 avril 1791, dans laquelle « le peuple » tenta d'empêcher le départ du Roi pour Saint-Cloud, car il sera difficile de disposer d'une somme égale aux 500 000 £ qui ont été dépensées, écrit-il à Choderlos de Laclos, homme à tout faire du duc d'Orléans.

Lorsqu'agonise le régime jacobin, dont le Trésor ne s'alimentait plus que des pillages des « Carmagnoles » dans les pays qu'ils « libéraient » en les mettant à sac, son bilan s'établit ainsi : une hausse du coût de la vie de l'indice 100 en 1790 à 5 340 en novembre 1795 et une dépréciation des assignats, de 142 fois leur valeur. Alors, afin de permettre à Cambon et à Gaudin d'assainir les finances, les banquiers Le Coulteux, Fulchiron, Récamier, Barillon, Perregaux, Delessert, Malet, soutinrent Talleyrand — le premier à rappeler Bonaparte d'Egypte après avoir été le premier à l'y envoyer — dans ses préparatifs du Coup d'Etat du 19 Brumaire (10 novembre 1799), dont la Cie Collot et Ouvrard payèrent les frais. Plus tard, ils aident le Consul et l'Empereur, aussi bon administrateur que piètre diplomate, réaliser la réforme fiscale (1798-99), fonder la Banque de France (13 février 1800, réformée en 1806), créer le « franc germinal » (28 mai 1803), restauration qui lui permit d'alimenter ses campagnes continuelles, sans déficit, ni inflation, ni emprunts.

Peu s'en fallut qu'il n'obligeât Pitt à s'incliner : ce dernier, s'il échappe à la banqueroute en 1793 et en février 1797, dût réserver l'or pour l'usage extérieur[73] par le « *Banking Restriction Act* », ce qui l'amena à signer la paix d'Amiens (25 mai 1802). Entre 1809 et 1811 encore, le gouvernement de Londres, son budget doublé et sa £ dépréciée, se retrouva en difficulté. Seuls le sauvèrent le relâ-

---

73 — *Gold-exchange standard.*

chement du blocus continental[74] et les décrets de Trianon du 5 août 1810, de même que, par suite de l'aveuglement de Mollien, les Rothschild purent continuer leurs transferts à l'étranger pour le compte de Londres. De sorte qu'en fin de compte, le Syndicat International formé par les Baring, les Boyd et Kœrr de Londres, les Hope et Labouchere d'Amsterdam, les Parish de Hambourg et les Bethmann de Francfort en finirent avec Napoléon, ce qui permit à la Haute Finance de dominer le monde pendant tout le XIXe siècle.

Tandis que le Congrès de Vienne dansait dans les salons de Fanny Itzlig, épouse du banquier Nathan Arnstein, par l'intermédiaire de leur pensionné Frédéric de Gentz (secrétaire général du Congrès) ou de leurs obligés prussiens Humboldt et Mardenburg ou de l'autrichien Metternich, les Rothschild menaient le bal. Enrichie à l'ombre des Hesse-Cassel[75] la dynastie du père Amschel de Francfort s'éleva au niveau international lorsque Nathan, installé dès 1798 à Londres, assura, pour le compte d'Herries, le transfert des subsides anglais pendant les guerres napoléoniennes. Plus tard les cinq frères, Meyer-Amschel à Francfort, Salomon à Vienne, Charles à Naples et James à Paris s'engraissèrent dans les emprunts d'Etat et dans la spéculation éhontée sur les chemins de fer, au point de s'élever à la position de rois des banquiers, de banquiers des rois et de rois de fait, maîtres de la paix et de la guerre.

Jusqu'au moment où — après l'intermède du banquier Laffitte, promoteur avec Talleyrand de la révolution (à l'anglaise) de 1830, qui augmenta encore leur influence avec l'arrivée au pouvoir de leur ami Casimir Périer — la subversion généralisée de 1848-1851 amena la relève de ces « Juifs de Cour » par une autre équipe, celle d'Achille Fould et des frères Pereyre et des Saint-

---

74 — Ouvrard et Fouché ayant autorisé l'exportation des grains en 1809, dans le vain espoir d'épuiser l'or anglais.
75 — Dans la vente des « habits rouges » à l'Angleterre.

Simoniens, protagonistes du dirigisme de l'Etat « industriel », grands vizirs du « sultan » Napoléon III. Réforme qui mérita de Proudhon ce jugement : « *La France n'a fait que changer de Juifs* ! » et les critiques des socialistes de tradition française, Charles Fourier (père de la Phalange) et Toussenel, dans son livre « *Les Juifs rois de l'Époque* »[76] (1845) dénonçant la Haute Finance et le marxisme naissant, inspiré par Moïse Hess, comme « deux rongeurs » associés pour détruire la Société. Mais, tandis qu'une autre génération de Rothschild-Meyer-Charles à Francfort, Lionel et Nathaniel à Londres, Alphonse à Paris, Anselme, Albert à Vienne et Adolphe à Naples, étendait ses alliances aux Lambert de Bruxelles, aux Ephrussi (Broglie) à Paris, aux Bauer et Weisweiler à Madrid, aux Heine de Hambourg, aux Bleichroeder de Berlin, aux Guinsbourg de Pétersburg, et jusqu'aux Sassoon de Bagdad, le régime de facilité et d'endettement continu, instauré par Napoléon III s'effondrait dans la guerre contre la Prusse et aboutissait à l'affrontement social de la Commune de 1871.

Alors, grâce à Thiers, le « *wehrgeld* » de la défaite, l'indemnité de 5 milliards, enrichit d'une part, sans nécessité, la Haute Finance cosmopolite, avec des bénéfices scandaleux, allant jusqu'à 40% pour les Rothschild. Et contribua d'autre part au développement des grandes structures bancaires de l'Europe Centrale, sous contrôle juif. Pour déchaîner enfin, par le « *Gründertum* », la floraison effrénée de sociétés artificielles — grâce à la collusion entre financiers opportunément « rincée » par l'octroi de titres de noblesse et d'authentiques hobereaux maculant leurs bottes dans la boue grasse de la Finance — une spéculation qui bascula dans les krachs de mai 1873 à Berlin et à Vienne. Faillites, qui, en ruinant la classe moyenne allemande, privée de son épargne à la Bourse, provoquèrent une terrible vague d'antisémitisme, nourrie par les œuvres d'Adolphe Stocker (1870), de Heinrich Treiske et d'Eugen Duhring en Allemagne et par la propagande

---

76 — Réédité aux Edt. Saint Remy.

de Georg von Schünerer et de Karl Lueger, futur maire de Vienne, en Autriche.

En septembre de la même année 1873, un autre krach se produisit aux Etats-Unis, terre promise de la spéculation, où l'Argent domine tout. La Guerre de Sécession (1861-65), conflit de tarifs, travesti en croisade pour l'émancipation des Noirs dans laquelle Judah Benjamin (*The hated jew*) remplit, fort mal, sa charge de fournisseur du Sud — avait donné accès au pouvoir aux grandes dynasties juives-allemandes, aux Seligman, fournisseurs aux armées et conseillers du général Grant, aux Guggenheim, aux Lazard, maîtres de l'économie et des finances, aux Sloss, Gerstle, Sutro, exploiteurs de la Californie et aux grands pirates des chemins de fer, les Gould, les Kuhn-Lœb.

Une fois engagée la lutte contre le tsarisme par le directeur de cette banque, Jacob Schiff, la coopération se fait plus étroite entre ce groupe et Londres, en Afrique du Sud contre les Boas, grâce au roi Edouard VII, à sir Ernest Cassel[77], et au groupe de la « Round Table », fondé en 1891 par Cecil Rhodes, lord Milner et lord Esher, pensionné de sir Ernest. Ainsi soutenu, Jacob Schiff finance le Japon contre la Russie et profite des défaites de cette dernière en Mandchourie pour lancer la première tentative révolutionnaire de Trotski contre le régime autocratique (1905-1908). La crise marocaine (1909-1911) est encore réglée et l'on arrive à éviter en 1913 la généralisation du conflit russo-autrichien dans les Balkans, manigancé par le baron d'Aerenthal, mais la Haute Finance ne fait pas un geste pour prévenir l'explosion de la Première Guerre Mondiale, bien au contraire[78].

---

77 — Cousin germain du Prince et son bailleur de fonds, après Maurice de Hirsch.

78 — N'avait-elle pas perdu ses meilleurs pions, avec la disparition de l'éphémère empereur Frédéric III en Allemagne, et le suicide de l'archiduc Rodolphe de Habsbourg, manipulé par les Hirsch, les Singer et les Szeps, en 1889 ?

Dès 1911, Paul Warburg n'avait-il pas pris les dispositions nécessaires pour permettre aux Etats-Unis de faire face au conflit ? « *j'ai créé cette banque — 'la Federal Reserve'* — expliquait-il, *pour le cas de guerre* ». Au cours de conversations à Jekyll Island (Géorgie) avec Aldrich, Vanderlip[79], H. Dawson et Benjamin Strong (de Morgan), il en avait préparé le projet, qui dut être modifié[80] avant d'être adopté le 23 décembre 1913 par 298 voix contre 60 à la Chambre, et 43 contre 23 au Sénat. Ainsi le contrôle de l'Etat, confié par Woodrow Wilson à Bernard Baruch, put être imposé, à la faveur du conflit, non seulement aux banques, mais à l'économie (11 octobre 1916) et à la production de guerre (5 mars 1918).

Mais pour intervenir dans la lutte, au mépris de ses promesses aux électeurs, après avoir été élu grâce à la crise boursière de 1909-1911, Wilson attendit l'effondrement du régime tsariste, en deux phases : la première étant la révolte de février-mars 1917, qui porta au pouvoir le prince Lvov, chef de la Maçonnerie, et Kerenski[81], et la seconde, la révolution bolchevique d'octobre-novembre, alimentée à la fois des fonds allemands à Lénine[82], et par des subsides judéo-américains Trotski, de Jacob Schiff, toujours à Max Warburg, dont le frère Félix était le gendre, et aux banques Nye et Olaf Aschberg de Stockholm, le 2 octobre. Selon le général Goulevitch, entre 1918 et 1922, 600 millions de roubles en or ont été remboursés à Kuhn-Lœb, en plus des joyaux de la famille impériale.[83]

---

79 — De la « *National City Bank* » de Rockefeller.
80 — En maintenant 12 banques régionales.
81 — Avec l'appui de l'ambassadeur britannique George Buchanan, disposant de 21 millions de roubles de subsides de la « Round Table »...
82 — 40 millions selon Ludendorff, par l'intermédiaire de Max Warburg, et de Solmssen, transférés à Svensen, à Cronstadt, dont 315 000 DM le 18 juin et 207 000 le 8 septembre, d'après les Archives américaines.
83 — Nous recommandons à ce propos, notre réédition du livre de Ni-

La défaite de l'Allemagne consommé, la Haute Finance rencontra des interlocuteurs de choix, non seulement en la personne de ce même Max Warburg, frère de Paul et de Félix, qui introduisit la délégation allemande [84] à Versailles, mais aussi en Walter Rathenau, magnat de l'Électricité, homologue de Bernard Baruch au contrôle de la production de guerre depuis 1914, en Albert Ballin de Hambourg, armateur et banquier personnel de Guillaume II, chargé du commerce extérieur depuis 1915, et en ses adjoints le général Groener, chef de l' « *ObertesKriegsAmt* », et le colonel von Schleicher. Ainsi a-t-elle pu imposer à l'Europe comme une hypothèque, le fardeau des dettes de guerre et des répartitions, restaurer et rationaliser sous le contrôle de Walter Rathenau l'industrie allemande (la plus puissante du continent) de même qu'elle aida Trotski à instaurer en U.R.S.S., après la « libéralisation » de la N.E.P. et la création de la « Gosbank » en 1921, un régime placé pratiquement sous la dépendance du capitalisme yankee, plan qui se traduisit par la coopération germano-russe à Rapallo, le 11 avril 1922 et motiva le contentement de Félix Warburg, « *more than pleased* »[85], lors de sa visite aux Soviets en 1927. Mais l'assassinat de Rathenau, le 24 juin 1922, par les nationalistes allemands et l'expulsion de Trotski par Staline, opposé à tout vasselage envers les Etats-Unis, en janvier 1928, amenèrent la ruine de ce plan.

Il fallut donc tout recommencer à zéro, selon le schéma habituel. Une crise boursière à Wall Street, entretenue de 1929 1931, afin d'ouvrir la voie à Roosevelt et aux mesures socialisantes du « *New Deal* ». Echec de la Conférence économique de Londres de 1933, les Etats-Unis tournant le dos à l'Europe et la contraignant à l'autarcie, puis à se diviser en Fronts populaires et Fas-

---

colas Sokolov, *Enquête judiciaire sur l'assassinat de la famille impériale russe*, 1 vol., 378 pages.
84 — Dont faisait partie son propre directeur Melchior.
85 — « Plus que content ».

cismes de telle sorte qu'en utilisant Hitler pour détrôner Staline, la Révolution puisse à nouveau triompher. Ensuite, établissant son contrôle sur l'économie américaine et s'emparant du portefeuille des alliés dans l'hémisphère occidental en gage de ses fournitures, la Haute Finance yankee pousse, avec l'aide de l'Angleterre, la Pologne et la France dans le conflit destiné à « briser l'Europe en morceaux »[86] comme l'avait vaticiné « *American Hebrew* » en 1938. Et la IIe Guerre Mondiale s'achèvera avec la moitié de l'Europe, abaissée, asservie par les Soviets, et l'autre moitié assistée, réduite à demander l'aumône du plan Marshall.

Grâce au monopole de la bombe atomique, assumé par Bernard Baruch, le Gouvernement Mondial, tant désiré par elle, se trouve à portée de la main de la Haute Finance en 1945, mais tant de fuites en répandirent le secret que Staline releva le défi. Désormais, tous les efforts de Wall Street tendront à l'instauration de ce gouvernement, comme l'avait proclamé James Warburg en 1950. Par l'intermédiaire du « *Council on Foreign Relations* » (CFR), ils s'ingénient à rétablir à Moscou à la faveur de la « détente », de la coopération technologique, d'un accord sur la limitation des armements, d'un espoir de « condominium » l'influence des premiers commanditaires du bolchevisme — tâche confiée à Averell Harriman, associé de la Banque Kuhn-Lœb, à Cyrus Eaton et au groupe de savants de Pugwash — au point d'en arriver à ouvrir une succursale de la « Chase Bank » de David Rockefeller en face de la statue de Karl Marx (tout un symbole !) et à construire un « *World Trade Center* » sioniste sur l'autre rive de la Moskova, en face de l'hôtel Ukraina !

Au moment de sacrifier le Vietnam[87] afin de réserver au seul Israël le soutien total de Washington, la Haute Finance intervint de nouveau. Cette fois, par la bouche des Conférences des Mil-

---

86 — « *broken to pieces* »
87 — Guêpier où ce furent cependant les démocrates John Kennedy et Lyndon Johnson qui engagèrent les Etats-Unis.

liardaires, exclusivement juifs, en avril-mai 1968 et à la fin juin 1969, qui décidèrent aussi bien de l'abandon de l'étalon-or, que de la chute de De Gaulle, du « Printemps de Prague », etc. Et, en utilisant son moyen de pression favori, le « *krach* » de la Bourse artificiellement provoqué du 25 au 27 mai 1970, qui contraignit Nixon — après avoir invité à dîner une quarantaine de banquiers et d'hommes d'affaires — à s'incliner, à renoncer à ses attaques contre le Laos et le Cambodge, à abandonner l'Indochine — dont le groupe de Pugwash se chargea de négocier la reddition — et se lancer dans la politique de détente à l'Est lors de ses tournées à Pékin et à Moscou. Une autre mini-conférence de Milliardaires, réunie près de Paris (en octobre 1974) après la guerre du Yom Kippour, étudiera la possibilité d'expédition-éclair dans le Golfe Persique, afin d'empêcher un nouvel embargo, surtout la formation de pétro-capitaux, échappant à son contrôle et capable de concurrencer dans le Monde son influence.

Sur ces entrefaites, l'Europe résiduelle, placée sous le contrôle du Groupe de Bilderberg[88] continue d'être neutralisée par la Haute Finance. Pompidou essaie-t-il de la doter d'une monnaie commune (pour le 15 juin 1971), qu'autant en emporte le flux des eurodollars, fortune vagabonde qui ne s'investit pas mais bouleverse par ses spéculations le marché des devises. Et lorsque l'expansion des sociétés multinationales, lancées à la conquête des entreprises européennes, déséquilibre la balance des paiements yankee, en épuisant ses réserves d'or, l'on a recours à l'expédient des Droits de Virement Spéciaux[89], de même que les abus de la dévaluation servant de moyen de « *dumping* » commercial, et la prétention d'obtenir des facilités d'exportation, tout en imposant soi-même des restrictions à l'importation.

---

88 — Création de Bernard de Lippe, sur l'initiative du juif Retinger, haut-dignitaire de la Maçonnerie polonaise.
89 — Véritable inflation de réserves qui, avec la hausse des prix du pétrole, déclencha la crise actuelle.

Groupe de financiers américains, européens et japonais, créé en 1973 pour préparer l'instauration d'un gouvernement mondial, et regrouper ces trois éléments composants du Monde Libre sous direction yankee, la Commission Trilatérale, confrontée à une crise aussi grave que celle de 1929-33, non seulement économique, mais sociale[90], saura-t-elle éviter une autre révolution ou un autre conflit mondial ?

De la dernière rencontre de Londres, si ne sont pas sorties des décisions aussi fatales que celles de la Conférence de 1933, comme le craignait le japonais Fukuda, qui y avait assisté, il n'en est résulté non plus aucune solution efficace. L'économie mondiale continue donc de « couler » ou de surnager « comme le chien crevé au fil de l'eau », pour reprendre l'expression d'André Tardieu.

Pour se sauver d'une aussi mauvaise passe, alors que toutes les panacées plouto-démocratiques ont prouvé leur vanité, l'Europe a plus que jamais besoin de retrouver les lois naturelles et d'en revenir à la vraie tradition sociale chrétienne, celle de l'autrichien Lueger, de La Tour du Pin, de Antonio et de sa « Phalange », c'est-à-dire du national-syndicalisme, permettant la représentation authentique et organique des travailleurs et cadres dans leurs métiers, seul capable de faire face au capital-collectivisme que la Haute Finance prétend nous imposer avec son Gouvernement Mondial, travesti en « New World Economic Order » !

---

90 — Laissant sans travail 7 millions de jeunes dans l'OCDE sur un total de 15 millions de chômeurs.

TABLE DES MATIÈRES

Notice biographique 5

« Crise, guerre, révolution » 21

NOTE Grégoire VII malmené ? 42

« Europe, quel est ton destin ? » 45

EN VENTE
CHEZ LE MÊME ÉDITEUR

librisaeterna.com

Anonyme – *La huitième croisade.*
" – *Le survivaliste. Bienvenue en enfer.*
" – *L'Église éclipsée.*
Gaston-Armand Amaudruz – *Le peuple russe et la défense de la race blanche.*
" " " – *Nous autres racistes.*
Adrien Arcand – *Le communisme installé chez nous suivi de la révolte du matérialisme.*
" " – *Le christianisme a-t-il fait faillite ?*
Herbert Backe – *La fin du libéralisme.*
Itsvan Bakony – *Impérialisme, communisme et judaïsme.*
Jean-Louis Berger – *Un honnête Homme égaré à L'Éducation (manipulation) Nationale.*
Baruteil Pierre (Puig A.) – *La race de vipères et le rameau d'olivier.*
René Bergeron – *Le corps mystique de l'antéchrist.*
Karl Bergmeister – *Le plan juif de conspiration mondiale.*
Clotilde Bersone – *L'élue du Dragon.*
Jean Bertrand & Claude Wacogne – *La fausse éducation nationale.*
René Binet – *Contribution à une éthique raciste.*
Léon Bloy – *Le salut par les juifs.*
Jean Boyer – *Les pires ennemis de nos peuples.*
Flavien Brenier – *Les juifs et le Talmud.*

Alexis Carrel – *L'homme cet inconnu.*
William Guy Carr – *Des pions sur l'échiquier.*
Lucien Cavro-Demars – *La honte sioniste.*
Pierre-Antoine Cousteau – *L'Amérique juive.*
" " " – *Après le déluge.*
Louis-Ferdinand Céline – *Voyage au bout de la nuit.*
" " " – *Mort à crédit.*
" " " – *Mea Culpa.*

Louis-Ferdinand Céline – *L'école des cadavres.*
    "   "   " – *Les beaux draps.*
    "   "   " – *Bagatelles pour un massacre.*
    "   "   " – *D'un château l'autre.*
    "   "   " – *Nord.*
    "   "   " – *Rigodon.*
André Chaumet – *Juifs et américains rois de l'Afrique du nord.*

Savitri DEVI – *La Foudre et le Soleil.*
Louis Dasté – *Les sociétés secrètes et les juifs.*
   "   " – *Les sociétés secrètes, leurs crimes.*
   "   " – *Marie-Antoinette et le complot maçonnique.*
Léon Daudet – *Deux idoles sanguinaires.*

Frederico de ECHEVERRIA – *L'Espagne en flammes.*

Henri FAUGERAS – *Les juifs peuple de proie.*
Eugène Fayolle – *Est-ce que je deviens antisémite ?*
   "   "   " – *Le juif cet inconnu.*

Paul B. GALLAGHER – *Comment Venise orchestra le plus grand désastre financier de l'histoire.*
Naeim Giladi – *Les juifs d'Irak.*
Urbain Gohier – *Le complot de l'Orléanisme et de la franc-maçonnerie.*
Hermann Göring – *L'Allemagne renaît.*
Joseph Goebbels – *Combat pour Berlin.*
Georges Grandjean – *La destruction de Jérusalem.*

Jean HAUPT – *Le procès de la démocratie.*
Philippe Henriot – *Le 6 Février.*
   "   "   " – *« Ici, Radio-France. »*
Heinrich Himmler – *L'Esprit de la SS.*
Alexander Hislop – *Les deux Babylones.*
Adolf Hitler – *Principes d'action.*

LES JUIFS EN FRANCE – *Intégral.*
Les juifs en France – *George Montandon – Comment reconnaître le juif ?*
   "   "   " – *Fernand Querrioux – La médecine et les juifs.*
   "   "   " – *Lucien Pemjean – La presse et les juifs.*
   "   "   " – *Lucien Rebatet – Les tribus du cinéma et du théâtre.*
Émile Junes – *Étude sur la circoncision rituelle en Israël 3. Circoncision et législation rabbinique.*

Alexandre KAZANTSEV – *Le messager du cosmos ; le martien.*

Arthur Kemp – *Le mensonge de l'apartheid.*
Hervé Kerbourc'h – *L'imposture de la « sécurité sociale ».*

Roger LAMBELIN – *« Protocols » des sages de Sion.*
Josef Landowsky – *Symphonie en rouge majeur.*
Ernest Larisse – *Jean Lombard & la face cachée de l'histoire moderne.*
Le Sage de La Franquerie de La Tourre André – *Marie-Julie Jahenny la stigmatisée bretonne.*
Arnold Leese – *Notre livre de caricatures séditieuses.*
Capitaine Lefèvre – *Les marchands de mort subite.*
Marcel Lefebvre – *Les sermons de Monseigneur Marcel Lefebvre.*
Jean Lombard – *La face cachée de l'histoire moderne – tome I.*
Charles Lucieto (Teddy Legrand) – *Les sept têtes du dragon vert.*
Georges de La Fouchardière – *Histoire d'un petit juif.*
Joseph Landowsky – *Symphonie en rouge majeur.*
Henri Louatron – *A la messe noire ou le luciférisme existe.*

Deidre MANIFOLD – *Karl Marx ; Vrai ou faux prophète ?*
Philippe Marie-Dominique – *La symbolique de la Messe.*
Claire Martigues – *Le pacte de Reims et la vocation de la France.*
Wilhelm Marr – *La victoire du judaïsme sur le germanisme.*
Serge Monast – *Le gouvernement mondial de l'antéchrist.*
Benito Mussolini – *La doctrine du fascisme.*

Claude NANCY – *Les races humaines ; tome I & II.*
Serguei Nilus – *Les protocoles des sages de Sion.*

Goré O'THOUMA – *L'esprit juif.*
Ferdynand Ossendowski – *Bêtes, Hommes et Dieux.*
George Orwel, (Eric Arthur Blair) – *1984.*
Eric Owens – *J'étais prêt à mourir.*

Edmond PARIS – *Histoire secrète des Jésuites.*
William Luther Pierce – *Chasseur.*
    "   "   " – *Les carnets de Turner.*
    »   «   « – *Pensées sur le 4 juillet.*
    »   «   « – *Extraits du Manuel du membre de la National Alliance.*
    »   «   « – *L'Esprit faustien.*
    »   «   « – *Sur le christianisme.*
    »   «   « – *La mesure de la grandeur.*
    »   «   « – *Le féminisme.*
    »   «   « – *Le port d'armes en Allemagne 1928-1945.*

Léon de Poncins – *Les documents Morgenthau.*
   " " " – *Israël destructeur d'empires.*
   » « » – *Le Judaïsme et le Vatican.*
Carlos Whitlock Porter – *Non coupable au procès de Nuremberg.*
Ezra Weston Loomis Pound – *Le travail et l'usure.*
A. Puig – *La race de vipères et le rameau d'olivier.*

Douglas REED – *La controverse de Sion.*
Joachim von Ribbentrop – *La lutte de l'Europe pour sa liberté.*
Vladimir Michaïlovitch Roudnieff – *La vérité sur la famille impériale russe et les influences occultes.*
Auguste Rohling – *Le juif-talmudiste.*
   "   " – *Le juif selon le Talmud.*
Alfred Rosenberg – *L'heure décisive de la lutte entre l'Europe et le bolchevisme.*
Alfred Rosenberg – *Le mythe du XXᵉ siècle.*

Alexandre Saint-YVES D'ALVEYDRE – *La France vraie ; tome I & II.*
   "   " – *La mission des juifs ; tome I & II.*
   "   " – *La mission des souverains.*
Michel Christian Soulier – *Templum.*
Bernhard Schaub – *L'action européenne.*
Jules Séverin – *Le monopole universitaire.*
Andrei Vladimirovich Sokolov (*Stanislav Volski*) – *La Russie bolcheviste ; dans le royaume de la famine et de la haine.*

Jérôme et Jean THARAUD – *L'an prochain à Jérusalem.*
Frederik To Gaste – *La vérité sur les meurtres rituels juifs.*
Léon Trotski – *Staline.*
François Trocase – *L'Autriche juive.*

Herman de VRIES DE HEEKELINGEN – *Les protocoles des sages de Sion constituent-ils un faux ?*
   "   "   " – *L'orgueil juif.*
Marie-Léon Vial – *Le juif sectaire ou la tolérance talmudique.*
   "   " – *Le juif roi.*

Kalixt de WOLSKI – *La Pologne.*
   "   "   " – *La Russie juive.*

YVRI – *Le sionisme et la juiverie internationale.*

Hanna ZAKARIAS (Gabriel THÉRY) – *L'Islam et la critique historique.*
   "   "   " – *Voici le vrai Mohammed et le faux coran.*

- the-savoisien.com
- pdfarchive.info
- vivaeuropa.info
- freepdf.info
- aryanalibris.com
- aldebaranvideo.tv
- histoireebook.com
- balderexlibris.com

www.ingramcontent.com/pod-product-compliance
Lightning Source LLC
LaVergne TN
LVHW041542060526
838200LV00037B/1103